Segurança pública para virar o jogo

ILONA SZABÓ e MELINA RISSO

Segurança pública para virar o jogo

Prefácio:
LUÍS ROBERTO BARROSO

Copyright © 2018, Ilona Szabó de Carvalho e Melina Íngrid Risso

Copyright desta edição © 2018:
Jorge Zahar Editor Ltda.
rua Marquês de S. Vicente 99 – 1º | 22451-041 Rio de Janeiro, RJ
tel (21) 2529-4750 | fax (21) 2529-4787
editora@zahar.com.br | www.zahar.com.br

Todos os direitos reservados.
A reprodução não autorizada desta publicação, no todo
ou em parte, constitui violação de direitos autorais. (Lei 9.610/98)

Grafia atualizada respeitando o novo
Acordo Ortográfico da Língua Portuguesa

A editora não se responsabiliza por links ou sites aqui indicados,
nem pode garantir que eles continuarão ativos e/ou adequados,
salvo os que forem propriedade da Zahar.

Preparação: Angela Ramalho Vianna
Revisão: Eduardo Monteiro, Tamara Sender
Capa: Estúdio Insólito

CIP-Brasil. Catalogação na publicação
Sindicato Nacional dos Editores de Livros, RJ

	Szabó, Ilona
S991s	Segurança pública para virar o jogo/Ilona Szabó, Melina Risso; prefácio Luís Roberto Barroso. – 1.ed. – Rio de Janeiro: Zahar, 2018.
	Inclui bibliografia ISBN 978-85-378-1801-5
	1. Segurança pública – Brasil. 2. Brasil – Política social. 3. Estado. 4. Direitos fundamentais. I. Risso, Melina. II. Barroso, Luís Roberto. III. Título.

	CDD: 320.981
18-51447	CDU: 32(81)

Vanessa Mafra Xavier Salgado – Bibliotecária – CRB-7/6644

Sumário

Prefácio, por Luís Roberto Barroso 7

Introdução 11

1. Para entender a violência 17

Mortes violentas – o problema número um 20

Que fatores potencializam esse cenário trágico? 22

Uns morrem mais que outros 24

2. Panorama da segurança pública no Brasil 28

Quem governa a segurança? 31

Antes de o crime acontecer 32

Depois que o crime aconteceu 34

3. A segurança pública começa na prevenção 39

O papel central da educação 40

Espaços públicos seguros 43

4. As polícias no Brasil 48

A Polícia Militar e a Polícia Civil 50

O que é desmilitarização da polícia? 56

A Polícia Federal 58

As guardas municipais 59

Interesses privados, corrupção e crime organizado 61

O uso das Forças Armadas na segurança pública 65

5. Punição e prisão – o paradoxo brasileiro 70

Os dramáticos casos recentes 71

Mais racionalidade e justiça 72

O cumprimento da pena 77

Medidas socioeducativas 80

6. Drogas – saindo da encruzilhada 85

O sistema internacional de controle de drogas 86

Mudanças necessárias 88

Por que a Lei de Drogas impacta tanto a segurança pública? 91

Consumo de drogas no Brasil 94

Refletindo sobre a regulação das drogas 97

7. Armas sob controle – polêmica ou fato? 100

As armas do crime 103

A importância de controlar armas e munições 105

8. E nós, cidadãs e cidadãos, qual o nosso papel? 111

Notas 117

Referências bibliográficas 126

Agradecimentos 141

Prefácio

Empurrando a história

LUÍS ROBERTO BARROSO*

Ilona Szabó e Melina Risso escreveram um pequeno grande livro, que pode ser lido de um fôlego, com prazer e proveito. Ilona irradia energia positiva e precoce maturidade. Melina é uma das lideranças de uma geração generosa e patriótica, que procura renovar a política a partir do engajamento de cidadãos comuns. A sinergia entre elas é plena.

O Brasil vive um momento difícil, marcado por uma tempestade ética, política e econômica. Há uma imensa onda de negatividade pelo país afora, que afetou até mesmo a autoestima nacional. Pensadoras e ativistas como Ilona e Melina ajudam a quebrar esse círculo vicioso em que nos enredamos. E alimentam a minha crença pessoal de que, apesar das angústias e incertezas dessa hora, nós estamos às vésperas de um novo começo, da refundação do país, com elevação da ética pública e da ética privada. Para isso, é inevitável a destruição criativa da velha ordem.

---

* Ministro do Supremo Tribunal Federal. Professor titular da Universidade do Estado do Rio de Janeiro/Uerj. Senior Fellow na Harvard Kennedy School.

Há uma imensa demanda por integridade, patriotismo e idealismo na sociedade brasileira. Quem tem olhos de ver e coração de sentir percebe isso por onde passa. E essa é a energia que muda paradigmas e empurra a história. As transformações que o Brasil requer exigem ideias novas, ousadas e criativas, fundadas em uma razão iluminista e solidária. É nesse contexto que se insere esta obra.

O Brasil precisa de uma agenda construtiva, suprapartidária e patriótica, que inclua avanços em áreas diversas, que vão da educação à consolidação de instituições políticas e econômicas verdadeiramente inclusivas. O fato inegável é que, em muitos dos seus espaços, o Estado brasileiro ainda é apropriado privadamente por elites extrativistas e autorreferentes. Nessa agenda positiva que necessitamos implementar, a segurança pública e o combate à violência merecem figurar com destaque.

O delineamento desse novo tempo exige duas importantes mudanças de paradigmas: um salto de qualidade no debate público e um giro empírico-pragmático na escolha e implementação de políticas públicas. Refiro-me a atitudes e argumentos que respeitem as divergências e diferentes concepções de mundo, sem desqualificação do outro; que sejam baseados na experiência e na realidade fática, aferidas em pesquisas e com suporte em dados objetivos, libertos da retórica vazia e dos discursos tonitroantes; e que tenham compromissos com resultados efetivos, devidamente monitorados e comprovados, em lugar de idealizações abstratas.

O livro de Ilona Szabó e Melina Risso agrega imenso valor ao esforço pelas duas mudanças de paradigmas aqui referidas – debate ético-qualitativo e virada empírico-pragmática –, pela maneira aberta, respeitosa e estatisticamente documentada com que as autoras constroem seus argumentos. E, a essas virtudes, elas acrescentam três outras que considero sublimes: (i) idealismo, sem perda do senso de realidade, (ii) simplicidade e (iii) empatia.

O Brasil é extremamente violento, como bem documenta o presente estudo. Apenas em 2016, mais de 60 mil brasileiros foram assassinados. Somos campeões mundiais de homicídios. O segundo e terceiro colocados, que são a Índia – com população de 1,3 bilhão de habitantes – e a Nigéria, com população próxima à nossa, têm, proporcionalmente, bem menos da metade de mortes. Essa violência, altamente seletiva, recai majoritariamente sobre jovens negros, com alfabetização deficiente, entre quinze e 24 anos. Não é hipérbole falar-se em genocídio.

Algumas das causas dessa violência são identificadas com acuidade e apresentadas de forma didática pelas autoras: (i) baixa escolaridade, (ii) exposição à violência, (iii) urbanização rápida e irregular e (iv) impunidade. A essa perturbadora soma de fatores, acrescenta-se, ainda, um sistema penitenciário que não garante condições mínimas de dignidade. Nem mesmo exigências legais óbvias, como separação entre presos provisórios e permanentes, ou entre perigosos e não perigosos, são cumpridas. Sem mencionar o domínio das facções.

Segurança pública inclui prevenção, inteligência e investigação. Por isso mesmo, e intuindo a evidência, as autoras realçam que segurança pública não é sinônimo de polícia. Por certo, uma polícia bem-equipada, bem-treinada e bem-remunerada faz diferença. Porém, os caminhos para uma política antiviolência devem abranger, também, atenção à primeira infância; prevenção e redução do abuso infantil; diminuição da evasão escolar; criação de condições de trabalho mais favoráveis para mães e pais de crianças pequenas; proteção da integridade física das mulheres; combate à violência doméstica; revisão da fracassada política de guerra às drogas; e regulamentação do porte e da posse de armas.

Em suma, as autoras não se conformam em citar lugares-comuns ou alardear intuições ou palpites. Justamente ao contrário, trabalham com informações e dados gerados por fontes confiáveis. Mais que isso, apontam exemplos concretos de projetos que tiveram resultados eficazes, assim como casos reais que ilustram a dramática realidade existente. Propiciam, assim, uma discussão de alto nível, com extrema honestidade intelectual, sem preconceitos, moralismos ou slogans populistas.

Este é um livro despretensioso na sua aparência, mas transformador no seu conteúdo. Foi escrito por duas pensadoras originais, que conjugam pesquisa séria, atitudes concretas e didática impecável. Para mim é um privilégio associar meu nome, neste breve prefácio, a um trabalho admirável, que lança luz intensa sobre um tema que não comporta soluções simplistas nem pode ser vítima de populismo eleitoral.

Brasília, 10 de junho de 2018

Introdução

Segurança é um assunto que há muito tempo nos preocupa – a todos nós, cidadãs e cidadãos brasileiros. Não é de hoje que o Brasil está imerso numa crise que parece não ter fim. Somos constantemente impactados pelo noticiário mostrando cenas de violência nas principais cidades brasileiras. Mas a violência não é apenas uma notícia na TV. Ela é bem real e afeta nossas vidas cotidianamente. Todos nós temos algum episódio para contar, sofrido diretamente ou por conhecidos nossos. Tanto para quem é vítima direta da violência quanto para quem analisa os números, o cenário é estarrecedor. Apenas em 2016, mais de 62 mil brasileiros foram assassinados.[1] Infelizmente, ao que tudo indica, 2018 não será diferente. O Brasil é o campeão mundial em números absolutos de homicídios,[2] um triste recorde que sustentamos há anos. E esse é somente um dos indicadores da criminalidade que nos amedronta e desafia diariamente. Outro indicador dramático é o número de crimes contra o patrimônio, como o furto e o roubo, que afetam em especial os moradores das grandes cidades. O número de roubos[3] registrados em 2016 foi superior a 1,7 milhão, mostrando o quanto ainda estamos longe de viver em paz.[4]

Temos trabalhado nos últimos quinze anos para mudar esse quadro. Conhecemos diferentes casos de sucesso e também de fracasso. Hoje, mais que nunca, precisamos entender melhor o que funciona e o que não funciona quando o assunto é a redução da violência; e conhecer o sistema brasileiro de segurança pública e justiça criminal, para não sermos enganados com supostas soluções mágicas e promessas falsas a cada ciclo eleitoral. A boa notícia é que é possível reverter o atual cenário, e há diferentes caminhos para tornar nossas cidades e nosso país seguros.

Decidimos escrever este livro para compartilhar um pouco do que aprendemos ao longo de nossas trajetórias. Começamos a trabalhar com esse tema em 2003. As reflexões que dividimos com você retratam o ponto de vista de duas cidadãs que dedicaram a maior parte de suas vidas profissionais a estudos, projetos e parcerias para a prevenção e redução da violência. Em nosso percurso, não fomos somente observadoras de processos. Ajudamos a desenhar, negociar, implementar, monitorar e avaliar erros e acertos de inúmeras iniciativas.

Essas iniciativas envolveram policiais, gestores públicos, pesquisadores, lideranças políticas, sociais e empresariais, mídia e autoridades de todos os poderes em diferentes estados do país, em âmbito nacional e também no exterior. Nossas experiências nos fazem acreditar na centralidade do papel dos cidadãos e da sociedade civil organizada na transformação positiva da segurança pública no país.

Não pretendemos aqui esgotar todos os assuntos, mas começar uma conversa com base em dados e fatos, pois queremos contribuir para a avaliação que você terá de fazer sobre propostas apresentadas para a segurança pública no Brasil. Observamos com muita preocupação como, em tempos de redes sociais, muitas discussões acaloradas são travadas e posições são adotadas sem que haja informação suficiente ou com informações equivocadas. Engajar-se em uma discussão bem-informada é essencial para que nosso país construa uma nova visão acerca da segurança, ancorada em proposições que efetivamente nos tirem de uma vez por todas da crise que vivemos nesse setor. A busca de informações corretas e de fontes confiáveis é importantíssima, já que nesse debate sobram mitos.

Como ponto de partida, é fundamental saber que a segurança é um direito básico de todos os brasileiros. Esse direito está expresso em nossa Constituição Federal, no artigo n.5: "Todos são iguais perante a lei, sem distinção de qualquer natureza, garantindo-se aos brasileiros e aos estrangeiros residentes no país a inviolabilidade do direito à vida, à liberdade, à igualdade, à segurança e à propriedade."[5]

Isso quer dizer que uma das principais responsabilidades de nossos governantes é garantir os valores democráticos, liberdade e igualdade a todos os cidadãos, bem como a proteção e a integridade das pessoas e a soberania de nosso território. Estes são conceitos-chave na construção dos Estados modernos e estão intimamente relacionados à criação do que chamamos de contrato social, um acordo entre governantes e governados pelo qual abrimos mão de uma parte de nossa liberdade individual em troca da promessa de segurança.[6]

Introdução   13

E a segurança, por sua vez, é proporcionada pelo Estado por meio de: a) um conjunto de normas que determinam o que é permitido e o que é proibido (as leis); b) políticas públicas que buscam promover os direitos dos cidadãos com equidade, igualdade e oportunidades, além de prevenir atos violentos e manter a convivência harmoniosa na sociedade (programas, projetos e ações dos governos federal, estaduais e municipais); c) procedimentos que asseguram o direito a um julgamento justo (juízes imparciais, defesa ampla e processo juridicamente correto); d) um conjunto de instituições responsáveis por aplicar as medidas preventivas e as sanções determinadas pelos juízes (instituições policiais, prisionais, fiscais etc.).[7]

As noções de Estado e de contrato social trazem em si uma concepção básica de que a segurança é um bem público. Algumas ideias distintas, porém complementares, estão contidas nessa afirmação. Dizer que a segurança é para todos significa reconhecer que existem parâmetros que devem ser respeitados por qualquer indivíduo – noção popularizada na afirmação "a minha liberdade termina onde começa a sua". Por isso, quando leis e outras regras são descumpridas, o Estado tem o poder de julgar e aplicar as medidas e punições estabelecidas previamente. Por outro lado, entender a segurança como um bem coletivo pressupõe reconhecer que todos nós, não importa nossa origem, classe, gênero ou cor, temos igual direito a ela. E, por fim, que a segurança requer o envolvimento de todos nós.

De todos os serviços públicos, a segurança talvez seja um dos únicos que de fato é utilizado por todos. Apesar do aumento expressivo dos gastos com segurança privada, ninguém consegue garantir segurança de maneira individual. Vivemos em sociedade e somos afetados por tudo que acontece nela. Portanto, não podemos abrir mão de melhorar a segurança pública.

Sabemos que, na prática, as coisas são mais complicadas que na teoria. Nem sempre as pessoas obedecem às leis, por mais errado que seja. Algumas leis não são bem formuladas e podem criar mais problemas que soluções.[8] Sabemos que em algumas ocasiões a Justiça e as polícias não são imparciais e produzem injustiças e desigualdade. E que a punição, sozinha, não é capaz de gerar as mudanças necessárias em nosso comportamento para dispormos de mais e melhor segurança.

Então, como mudar essa situação para vivermos e convivermos em sociedades seguras? Buscamos aqui mostrar caminhos possíveis e propostas concretas para responder a esses desafios. Também queremos promover uma reflexão sobre a importância do resgate de valores da sociedade que são a base do contrato social e sobre alguns dos fatores que contribuíram para a crise atual.

Além disso, apresentaremos um breve panorama da segurança pública no Brasil e da nossa visão sobre por onde começar a reverter o cenário atual. Sabemos que não existe uma solução única capaz de resolver todas as questões de imediato, mas não podemos ficar paralisados quando deparamos com as dimensões dos problemas que precisamos enfrentar. Dessa forma, propomos fragmentar a questão, conhecer suas diferentes partes e buscar as soluções apropriadas para cada uma delas com um olhar integrado. Dividimos o livro em oito capítulos. No primeiro, explicamos a gravidade da violência no Brasil, em especial os homicídios. No segundo capítulo esboçamos um panorama geral do sistema e das instituições que são protagonistas da segurança pública. Em seguida, falamos da prevenção, que, do nosso ponto de vista, é determinante para reverter o quadro atual de violência e criminalidade. Os capítulos 4 e 5 são dedicados a duas estruturas centrais, embora não sejam as únicas, da segurança: as polícias e as prisões. Explicamos como as polícias funcionam no país e analisamos a crise do sistema penitenciário brasileiro. Nos dois casos, tratamos de alguns temas recorrentes no debate público. Os capítulos seguintes, 6 e 7, abordam dois assuntos que impactam de maneira significativa a violência no país: as drogas e as armas. Em ambos, discutimos a importância da regulação responsável e esclarecemos diferentes mitos que permeiam o debate. O último capítulo se propõe a examinar o nosso papel, como cidadãs e cidadãos, na segurança pública. Apontamos, no fim de cada capítulo, medidas concretas que, caso implementadas, podem virar o jogo.

1. Para entender a violência

Viver com medo não é normal. Nós, assim como você, sentimos medo e temos nossas vidas, nossa liberdade de ir e vir, nossas escolhas e nossas emoções afetadas por essa condição. De uma forma ou de outra, já fomos vítimas de crimes violentos; conhecemos pessoas muito próximas e nos solidarizamos com dezenas de milhares de outras que já viveram a mesma situação ou perderam entes queridos, e que, por experiência direta ou indireta, sofrem com síndrome do pânico, estresse pós-traumático, ansiedade e fobias. Algumas chegam a desenvolver comportamentos violentos ou dependência química de drogas lícitas e ilícitas, a fim de curar medos e traumas que a violência gerou.[1]

Contudo, sabemos que dá para mudar esse contexto. E podemos reconstruir o contrato social recuperando nossa capacidade de viver em harmonia, sem medo, e de exercer plenamente o nosso potencial humano.

Antes de falarmos sobre como podemos construir uma sociedade mais segura e pacífica, porém, é importante entender a dimensão da violência que nos afeta, suas causas e também o perfil de vítimas e agressores.

A violência é um fenômeno com muitas facetas e diversas causas, e, por isso, seu enfrentamento requer ações de diferentes campos de atuação e a união de esforços de todos os setores da sociedade: governos, setor privado e cidadãos.[2] Não é possível tratar a violência como uma categoria única. É como a saúde. Não tratamos doença como categoria genérica. Cada doença tem uma causa e um tratamento. Hoje sabe-se que promover saúde significa manter as pessoas saudáveis, prevenindo doenças, e não apenas cuidar dos que adoecem. O mesmo acontece com a violência. Cada tipo de violência possui uma dinâmica específica e está associado a diferentes fatores de risco,[3] isto é, fatores que, combinados, aumentam a possibilidade de um crime ou violência[4] ocorrer. Portanto, agir para amenizar os fatores de risco de forma a prevenir o envolvimento de pessoas com o crime e promover uma vida social harmônica devem fazer parte de qualquer política de segurança.[5]

No Brasil, como em muitos lugares do mundo, é possível identificar padrões para os diferentes tipos de violência. Em geral eles se concentram em algumas partes do território e atingem grupos específicos da população. Portanto, mesmo que todos tenham medo, o crime violento não afeta todas as pessoas de maneira igual. Ele realmente se concentra no espaço e no tempo. E, dependendo do tipo de crime, é possível identificar em quais dias da semana e horários ele acontece com maior frequência.[6]

Aqui, e em nosso trabalho, escolhemos priorizar o entendimento e buscar soluções para os crimes violentos, em especial para os assassinatos. Isso porque esses crimes atentam ou podem atentar contra o nosso bem mais precioso – a vida – e causam grandes traumas nos envolvidos e seus familiares. Além disso, geram um enorme custo para a sociedade como um todo, seja por perda de capacidade produtiva, seja por produzir custos para o sistema de saúde no atendimento aos feridos.[7] É impossível precificar a dor e o sofrimento das vítimas ou de quem perde alguém. Além dos danos físicos, as cicatrizes psicológicas e emocionais podem durar por toda a vida. Mas é fundamental sabermos que os crimes violentos impõem um grande obstáculo para o crescimento econômico e um custo muito alto que é pago pelos brasileiros. O ônus é de cerca de R$285 bilhões por ano, ou seja, 4,38% do PIB anual do país. No Brasil, cada jovem morto representa perdas produtivas de R$550 mil. Os prejuízos acumulados chegam a R$450 bilhões desde meados dos anos 1990.[8]

São crimes violentos: assassinato, latrocínio, assalto,[9] violência policial, agressão que resulta em morte e estupro. Todos eles se caracterizam pelo uso de violência e, por isso mesmo, impactam nosso comportamento. A violência empregada pode ser a força física, como nos casos de agressão e estupros, ou pode ser agravada pelo uso de armas, sejam elas facas e objetos cortantes ou armas de fogo. No Brasil e na América Latina, a arma de fogo é um artefato muito utilizado na prática de violência e está presente na maioria dos assassinatos. Por isso é tão importante falar dela em nosso contexto. Enquanto mundialmente a média de uso desses instrumentos nos homicídios é de 35%, na América Latina ela supera os 70%.[10]

Vamos examinar a questão dos homicídios, cuja redução, a nosso ver, deve ser a prioridade absoluta de qualquer política nacional de segurança pública.

Mortes violentas – o problema número um

Infelizmente, o cenário de homicídios no país é pior do que se imagina. Todos os anos, cerca de 60 mil brasileiros têm suas vidas interrompidas em decorrência de mortes violentas intencionais, quando o agressor tem o propósito de matar a vítima.[11]

Algumas comparações nos ajudam a entender a dimensão absurda desse número. É como se a cada ano cidades como Mariana, em Minas Gerais, Bertioga, em São Paulo, ou Santo Amaro, na Bahia, sumissem, tivessem toda a sua população assassinada. Ou como se houvesse 302 acidentes de avião iguais ao desastre da TAM no aeroporto de Congonhas, em São Paulo, ocorrido em 2007. Ou como se todos os que estiveram no estádio da abertura da Copa do Mundo no Brasil em 2014 fossem mortos. O problema ganha escala ainda maior quando se trata do número total de pessoas afetadas por essas mortes. Ao menos 50 milhões de brasileiros com mais de dezesseis anos tiveram algum conhecido assassinado,[12] o que mostra como esse quadro impacta profundamente grande parte de nossa população.

A tragédia da região

Em números absolutos de homicídios, o Brasil é seguido pela Índia e a Nigéria, que registraram 32 mil e 17 mil homicídios, respectivamente, nos anos de 2015 e 2012, os últimos com dados disponíveis.[13]

Quando falamos em taxas de homicídios, calculadas em função do número de habitantes do país, o Brasil não está sozinho em relação aos níveis epidêmicos de violência letal – classificação dada a locais com taxas de assassinatos mais altas que dez mortes para cada 100 mil habitantes. A América Latina é a região mais violenta do planeta. Ela tem apenas 8% da população mundial, mas concentra 38% dos homicídios globais, com 144 mil assassinatos por ano. Sete países são especialmente atingidos pelas altas taxas de criminalidade: além do Brasil, Colômbia, El Salvador, Guatemala, Honduras, México e Venezuela estão na lista. Caso não se tomem medidas imediatas, o cenário pode piorar, como indicam as projeções do Observatório de Homicídios, do Instituto Igarapé. De acordo com essas estimativas, a taxa de homicídios regional pode saltar de 21 para 35 por 100 mil habitantes em 2030. Isso representa sete vezes a média global.[14]

As cifras colocam nosso país em primeiro lugar no mundo no ranking de homicídios, em números absolutos, e isso não é de hoje. Nos últimos trinta anos, mais de 1 milhão de brasileiros foram assassinados, numa média de quatro homicídios por hora.[15] Metade (25 entre as cinquenta) das cidades mais violentas do mundo fica no Brasil.[16] Caso nada seja feito, cerca de 590 mil brasileiros podem ser assassinados durante a próxima década. Definitivamente isso é inadmissível. Não podemos conviver com esse absurdo.

Que fatores potencializam esse cenário trágico?

Os homicídios têm muitas causas e decorrem do acúmulo de vários fatores de risco, com diferentes naturezas: desde aspectos individuais – nossa capacidade de controlar a agressividade, por exemplo –, passando por aspectos sociais e culturais – como a influência dos amigos sobre nosso comportamento –, até a forma de nos socializarmos, muitas vezes de maneira violenta. Dentre os fatores de risco destacam-se: baixa escolaridade, desigualdade econômica e social, desemprego, bônus demográfico,[17] exposição à violência, comportamentos de risco (como abuso de álcool, de outras drogas e o uso de armas de fogo) e a rápida urbanização.

Quando o tema é educação, a evasão escolar é o grande vilão.[18] A escola perde ou expulsa o "jovem problemático", e isso é um divisor de águas: fora da escola, ele tem mais chances de fazer escolhas erradas e acabar passando pelos sistemas de medidas socioeducativas e prisional, ou de virar mais um número na triste estatística de homicídios. Literalmente, estamos matando nosso futuro.

Associado a isso, somos um dos países mais desiguais do mundo, e nos últimos anos nossa taxa de desemprego subiu, em especial entre a população jovem.[19]

A exposição à violência é outro fator de risco importante. Pesquisas mostram que, quando as crianças são vítimas ou observadoras de violências, elas têm mais chance de desenvolver comportamentos violentos, inclusive em decorrência de mudanças neurológicas. Os danos vão muito além dos impactos físicos e emocionais já conhecidos.[20]

Outro fator é a urbanização rápida e irregular. Estudos mostram que, em áreas urbanas que crescem acima de 4% ao ano, rompem-se o tecido e a coesão sociais, lesando os mecanismos de regulação coletiva.[21] Isso traz efeitos muito negativos para a manutenção do contrato social.

Os comportamentos de risco associados ao abuso de álcool, drogas e uso indevido de armas também funcionam como gatilhos – e iremos debater esses aspectos nos próximos capítulos.

Sabe-se, contudo, que nenhum desses fatores é causa isolada dos homicídios, embora, em conjunto, eles contribuam para a disseminação da violência letal no país.

Soma-se a eles o alto índice de impunidade, uma vez que a taxa de condenação por homicídio é extremamente baixa.[22] Sem investigação e esclarecimento capazes de identificar os autores dos crimes e produzir provas consistentes, continuaremos amargando os altos índices de impunidade – que no Brasil é perversa e exerce um efeito cascata, ao incentivar os comportamentos socialmente nocivos.

Para haver redução dos homicídios, é necessário integrar as três esferas de governo. Cabe ao nível federal executar um plano de investimento e induzir ações que de fato se mostrem eficazes; reprimir de forma qualificada o crime organizado e os crimes federais; e atuar junto ao Legislativo para impedir que haja retrocessos em leis – como, por exemplo, a lei de controle de armas (lei n.10.826, de dezembro de 2003). Os estados devem aprimorar a capacidade e a qualidade das investigações da Polícia Civil, bem como melhorar a efetividade da Polícia Militar, da gestão do sistema penitenciário, e desenvolver políticas preventivas. Como parte fundamental da tríade, nas mãos dos municípios está uma enorme potencialidade de investir em prevenção, com foco em grupos, locais e comportamentos de risco.

Uns morrem mais que outros

A maior parte das vítimas de assassinato no Brasil é formada por jovens do sexo masculino, entre quinze e 24 anos. Esse grupo tem seis vezes mais chances de ser assassinado que meninas e jovens do sexo feminino.[23] Isso não significa, no entanto, que as meninas e mulheres jovens estejam livres da violência.

Nesse recorte, é preciso atentar para a situação da população negra do país. Segundo estudo feito pelo Fórum Brasileiro de Segurança Pública, o risco de um jovem negro ser assassinado no Brasil tem aumentado, e supera em 2,5 vezes a probabilidade de assassinato de um jovem branco.[24] De acordo com o Índice de vulnerabilidade juvenil à violência e desigualdade racial de 2014, a taxa de jovens negros vítimas por 100 mil habitantes subiu de 60,5 em 2007 para 70,8 em 2012. Entre os jovens brancos, a taxa de assassinato aumentou de 26,1 para 27,8. Em números absolutos, isso significa que 29.916 jovens foram mortos em 2012, sendo 22.884 negros e 7.032 brancos. As vítimas, em mais de 50% dos casos de homicídios registrados no país, são jovens, dos quais 70% são negros.[25]

Nossas polícias também matam muito. Em 2016, elas foram responsáveis por 6,8% das mortes violentas intencionais no Brasil. Em alguns estados a proporção é ainda maior. Em São Paulo, a polícia foi responsável por 17,38% das mortes intencionais, e no Rio de Janeiro, por 14,77% delas.[26] Mas os policiais não são apenas autores. Eles também são vítimas de uma guerra sem vencedores. Entre 2009 e 2013 mais policiais foram assassinados no Brasil que em trinta anos nos Estados Unidos.[27]

Ainda que as mulheres não representem o maior percentual das vítimas de assassinato no país, elas sofrem os mais diversos tipos de violência, muitas vezes cometidas pela própria família e em ambiente privado. Em geral essa violência é invisível, e certamente o feminicídio[28] é um grande desafio que devemos enfrentar. Entre 1980 e 2013, o número de mulheres vítimas de assassinato só fez crescer: 106.093 mulheres foram assassinadas. O total passou de 1.353 mulheres em 1980 para 4.762 em 2013, um aumento de 252%. A taxa, que em 1980 era de 2,3 vítimas por 100 mil, chegou a 4,8 em 2013, com um aumento de 111,1%.[29] Quando comparado a um grupo de 83 países analisados pela Organização Mundial da Saúde (OMS), o Brasil ocupa a quinta posição em termos de violência letal contra mulheres.[30] Para além do recorte da juventude, a gravidade da vitimização da população negra também se repete na análise dos feminicídios. Entre 2003 e 2013, o número de homicídios de mulheres brancas caiu de 1.747 vítimas para 1.576, representando um decréscimo de 9,8%. Já os homicídios de negras aumentaram 54,2% no mesmo período, passando de 1.864 para 2.875 vítimas.[31]

Para virar o jogo

• Estabelecer objetivos e metas para a redução de homicídios, respaldados por compromissos claros dos governos e por recursos.

• Basear as estratégias e intervenções em evidências; como os recursos são limitados, concentrá-los em programas que já tenham apresentado sucesso demonstrado por dados e análises rigorosos.

• Não adotar abordagens que reproduzam ou alimentem a violência.

• Respeitar os direitos fundamentais e o acesso à Justiça nos métodos e intervenções de redução da violência, em vez de comprometê-los em nome da redução das taxas de homicídio.

- Situar no centro das intervenções a proteção às pessoas e a concepção da segurança como bem público, cuja responsabilidade primária é do Estado, mas que também exige a participação ativa dos cidadãos.

- Envolver diretamente a população na redução de homicídios por meio de mensagem positiva sobre o valor da vida, como forma de fomentar mudanças culturais relativas ao tema.[32]

2. Panorama da segurança pública no Brasil

O artigo n.144 da Constituição brasileira define que "segurança é um dever do Estado, direito e responsabilidade de todos".[1] O Estado tem o dever de garantir a segurança das pessoas, e o faz por meio de uma estrutura especializada e para isso destinada. Mas por que o Estado brasileiro não consegue cumprir a função primordial de proteger seus cidadãos?

Há bastante tempo o país tem apostado em um modelo pouco inteligente, reativo e de alto custo, que gera impunidade e muitas vezes agrava a situação de violência.

Dizemos que o modelo praticado é pouco inteligente porque nem sempre o planejamento das políticas adotadas se baseia em dados, e tampouco se avalia o que dá certo ou errado. Assim, desperdiçamos os recursos, que já são escassos, e insistimos em alternativas comprovadamente ineficazes.

Ele é reativo porque, em geral, agimos depois que o crime aconteceu. Quase não fomentamos programas de prevenção, tanto no âmbito social quanto no policial, nem em formar cidadãos que entendam a importância de valores como a autorregulação – a consciência dos limites de sua liberdade e de seus direitos – e a regulação coletiva – base para a vida harmônica em comunidade, em que as pessoas atuam como guardiãs das regras e dos costumes básicos de convivência, sem que o Estado precise intervir com a lei. Além disso, investimos pouco ou quase nada em investigação e inteligência, e optamos por adotar uma estratégia de criação de leis cada vez mais duras, na expectativa de que essa medida – por si só – altere o quadro de violência no país.[2]

Quanto aos altos custos, ao privilegiarmos desestimular os crimes exclusivamente com o aparato de segurança e responder a eles prioritariamente com a prisão, estamos adotando medidas caras[3] e, em diversos casos, pouco eficazes. Apostamos que a melhor forma de interferir no comportamento das pessoas é somente aumentando o risco de punição com mais policiais na rua, por exemplo, em vez de investir em estratégias que priorizem o reconhecimento de que cometer crime é errado, criando repertórios e condições para a autorregulação.

Para começar a virar o jogo, antes de mais nada, é imprescindível parar de tratar a segurança como sinônimo de polícia. A polícia é muito importante; contudo, quando a tratamos como única responsável pela segurança pública, abordamos o assunto superficialmente e jogamos todo o compromisso do combate à criminalidade para os estados da federação, já que a Polícia Militar e a Civil são estaduais. As esferas federal e municipal, os três poderes do Estado, além da sociedade civil, também precisam se envolver para que possamos avançar. O sistema de segurança pública e justiça criminal, apesar de pouco coordenado, inclui, além das polícias, outras instituições –

Panorama da segurança pública no Brasil   29

desde as que atuam na prevenção ao crime, como escolas, equipamentos de saúde, de assistência social e ordem pública, até as demais forças do aparato repressivo do Estado, como Ministério Público (MP), defensorias, varas de Execução Penal e sistema penitenciário.

É importante também entender que a política pública necessita ter foco. Ela deve se basear em informação, principalmente sobre aquilo que dá certo. Embora os dados para o país ainda tenham limitações, há muito conhecimento tanto no Brasil quanto no mundo sobre o que funciona.[4] É imperativo que a segurança pública, com o paradigma de inteligência, eficiência e eficácia, entre de vez na agenda política prioritária do país.

Além disso, cabe atuar em todo o ciclo da violência privilegiando a prevenção. Mais barato, mais efetivo e mais humano que punir é evitar que o crime aconteça.[5] Sob essa ótica, soluções práticas podem ter impacto positivo sobre a situação atual. Necessitamos ter racionalidade, inteligência e integração. Há boas leis que precisam funcionar, outras têm de ser revistas. O sistema de segurança pública deve atuar de maneira coordenada.

Finalmente, é urgente priorizar. Temos muitos desafios, mas, para começar, temos de concentrar os esforços para reduzir os crimes violentos, em especial os homicídios. Nada é mais valioso que a vida, portanto, os crimes contra ela são os mais graves. Vimos como estamos falhando, pois não conseguimos evitar que os homicídios aconteçam nem que aqueles que os cometem sejam punidos. A impunidade gera consequências graves e ajuda a alimentar o ciclo de insegurança.[6]

Os altos níveis de violência e a descrença no sistema de segurança pública e justiça criminal colocam em xeque a própria democracia, ameaçam nosso direito fundamental à vida e à liberdade e impedem o desenvolvimento socioeconômico do país.[7] É hora de agir. E há conhecimento e capacidade suficientes para mudar a situação.

Quem governa a segurança?

Já mencionamos que existe no Brasil um sistema de segurança pública e justiça criminal que funciona de forma pouco coordenada. Para compreendermos melhor como chegamos à atual situação de crise, quais são os desafios e as potenciais soluções, é fundamental entendermos as funções que as várias instituições desempenham nesse sistema.

Diferentes níveis de governo, poderes e instituições do Estado possuem papéis essenciais na segurança pública. A atuação de cada um influencia diretamente a ação do outro. A interdependência desses protagonistas é um dos motivos pelos quais se torna impossível trabalhar com ações propostas apenas para uma instituição ou um nível de governo. As soluções duradouras exigem o compromisso de todos para agir de maneira articulada em prol de objetivos comuns. Examinemos os diferentes papéis dessas instituições para demonstrar a importância da responsabilidade compartilhada.

Prevenção primária, secundária e terciária | Polícias estaduais e federal | Ministério Público | Varas Criminais e de Execução Penal | Defensoria Pública | Sistema penitenciário

Grosso modo, é possível dividir as estratégias entre aquelas adotadas antes e depois de o crime acontecer.

Antes de o crime acontecer

As ações desenvolvidas no momento anterior ao crime são chamadas de prevenção. Uma agenda de prevenção é aquela capaz de afetar diretamente os fatores que aumentam e diminuem a probabilidade de haver um ato de violência ou um crime.

Evidências mostram que muitas das ações que produzem resultados concretos em termos preventivos são, em especial, de responsabilidade dos municípios.[8] São ações tão diversas quanto: ordenamento urbano, ações de fiscalização e investimento na primeira infância e na juventude. Outro braço importante da prevenção é oferecer programas para egressos do sistema penitenciário e para jovens em conflito com a lei que cumprem medidas socioeducativas, como liberdade assistida ou internação. Afinal, é fundamental romper com o ciclo de violência.

Além disso, 19,4% dos municípios brasileiros possuem guardas municipais,[9] que podem desempenhar um importante papel na manutenção da ordem e na mediação de conflitos.[10] Há uma grande demanda para atuação em ocorrências de caráter não criminal e em proximidade com a sociedade nas quais as guardas municipais poderiam assumir uma liderança positiva. A Polícia Militar, de competência dos estados, também desempenha um papel na prevenção por meio de ação ostensiva, isto é, da presença visível nas ruas das cidades, com o patrulhamento. Para ter efetividade, a patrulha deve se guiar por informações confiáveis.[11] Só assim a polícia se fará presente nas áreas com maior número de crimes, exercendo sua função preventiva. Outro ponto fundamental é que a polícia faça seu planejamento com a participação da população; afinal, é ela quem melhor conhece a realidade e possui as informações necessárias para que a polícia realize bem seu trabalho.[12]

O objetivo das ações de prevenção é, em primeiro lugar, agir antes de o problema acontecer. Infelizmente, programas sérios de prevenção da violência ainda são escassos nos municípios brasileiros e nem todas as polícias militares desenvolvem seu plano de patrulhamento com base em dados e informações.

Mesmo com os melhores programas preventivos, crimes são cometidos em diferentes escalas no mundo inteiro. Quando eles ocorrem, é necessário que haja um sistema capaz de investigar, processar e julgar.

Depois que o crime aconteceu

Depois que o crime acontece, diferentes instituições entram em cena. A primeira delas é a Polícia Militar. Além do patrulhamento ostensivo-preventivo, ela também é responsável pela repressão imediata, isto é, por atuar enquanto o crime está em andamento ou acabou de acontecer. É ela que acionamos ao discar 190 e que está nas ruas, ao alcance da população. A Polícia Militar é a primeira a chegar à cena do crime e pode efetuar a prisão em flagrante, ou mesmo utilizar força para deter a ameaça.

A Polícia Civil sempre atua no pós-crime, uma vez que é responsável pela investigação. Somente com uma boa investigação, capaz de identificar provas e o autor da infração, se inicia o processo criminal. Lamentavelmente esse trabalho não funciona bem no Brasil. Em 2011, somente 6% dos roubos registrados na cidade de São Paulo tiveram instaurado o inquérito policial, primeiro passo da investigação.[13] A taxa média de esclarecimento de homicídios no país também é muito baixa – no melhor dos casos, apenas 20% deles são esclarecidos pela Polícia Civil, com grande variação de estado para estado.[14] É importante explicar que esclarecimento não é o mesmo que condenação – que no caso de homicídios é menor ainda.[15]

O próximo ator a entrar em cena depois que o crime ocorreu, foi investigado e esclarecido é o Ministério Público (MP). Ele é o órgão responsável por analisar o caso apresentado pela Polícia Civil e, se satisfeito com as provas colhidas, apresentar uma denúncia: é ele quem indica os casos que serão julgados pela Justiça.[16] Além da responsabilidade de apresentar a ação penal, é dever do MP exercer o controle externo das polícias – por exemplo, verificar se elas estão usando a força apenas quando estritamente necessário.[17] Essa atividade vem apresentando falhas, o que se evidencia pelo baixo número de denúncias apresentadas e a falta de atuação do MP nos casos de mortes causadas por policiais.[18]

Da mesma forma que há uma instituição encarregada da acusação penal, há outra responsável pela defesa. É a Defensoria Pública, que oferece assistência jurídica àqueles que não possuem condições de arcar com as despesas de um advogado.[19] A atuação das defensorias é fundamental para garantir que todos os cidadãos tenham de fato acesso à Justiça e direito a um julgamento com condições de equivalência de forças entre acusação e defesa, como prevê o contrato social.

A responsabilidade pelo julgamento de um crime é do Poder Judiciário. Cabe a ele apreciar o caso apresentado com base na legislação, nos procedimentos processuais e nas evidências apresentadas pela acusação e pela defesa. Quando há condenação, o juiz também define a sentença.[20]

Um grande problema no Brasil é que cerca de 40% das pessoas presas ainda não foram condenadas – os chamados presos provisórios – e estão encarceradas sem ter tido oportunidade de se defender.[21] Muitas passam meses e até anos aguardando o julgamento, e, quando julgadas, são absolvidas ou as condenações não envolvem prisão – o que significa que nunca deveriam ter sido privadas de liberdade.[22] Nesse fluxo, muitas vidas são manchadas e famílias são arruinadas pela ineficiência e, em alguns casos, pela parcialidade da Justiça, ocasionada por preconceitos especialmente vigentes em nossa sociedade. Uma pessoa que foi presa fica estigmatizada e tem muita dificuldade de conseguir emprego depois de cumprir a pena. Além disso, a prisão em geral deixa marcas na saúde mental e física do detento.[23] Por isso, é essencial que a Justiça preze por um julgamento ágil e realmente justo.

A atribuição de garantir a execução da sentença, seja ela ou não o aprisionamento, também é do Poder Executivo (em geral, no nível estadual), que se encarrega da administração dos presídios e muitas vezes do sistema de penas e medidas alternativas à prisão.[24] Nesse ponto também temos falhado, e muito. As prisões estão superlotadas e muitas delas são dominadas por facções criminosas que nasceram ou exercem suas atividades de dentro dos presídios.[25] Com isso, quando prendemos pessoas inocentes ou que poderiam ser punidas com penas alternativas à prisão, estamos facilitando seu recrutamento para o crime, tornando nossa sociedade mais perigosa. É possível punir de forma mais inteligente e efetiva. Exemplo disso é impor às pessoas que cometeram crimes leves a prestação de serviços à comunidade e a reparação dos danos que cometeram. Determinar o tipo de punição a ser aplicada, baseando-se nas possibilidades previstas pela legislação, é função do Judiciário.[26]

Na maior parte dos casos, as instituições responsáveis por lidar com o pós-crime encontram-se no nível estadual. Em outros, a responsabilidade recai sobre a esfera federal, que, com exceção do policiamento ostensivo nas cidades, possui instituições com atribuições correspondentes, incluindo a Polícia Federal, a Polícia Rodoviária Federal, o Ministério Público Federal, a Defensoria Pública da União e os diferentes tribunais federais de Justiça.

Há imensos desafios de coordenação e governança entre as instituições que compõem esse sistema, que na verdade não é governado em sua integralidade por ninguém. Isso ajuda a explicar parte dos atrasos e das ineficiências, mas também nos permite avaliá-lo de forma mais ampla e pensar em soluções para os problemas que enfrentamos e que envolvem o sistema como um todo. Atuar sob as duas dimensões – as instituições e o sistema – é essencial para virar o jogo.

Para virar o jogo

• Fortalecer o Ministério da Segurança Pública com a função de articular e induzir uma política nacional de segurança em cooperação com estados e municípios.

• Estabelecer fontes de recursos permanentes no governo federal para apoiar políticas estaduais e municipais de segurança eficazes e potencializar a capacidade de investimento e inovação na área.

• Criar um instituto de estatísticas e pesquisas aplicadas dedicado à segurança pública, nos moldes do Instituto Nacional de

Estudos e Pesquisas Educacionais Anísio Teixeira (Inep), para produzir conhecimento e monitorar políticas públicas de segurança em todo o país.

• Criar um centro de formação de excelência em segurança destinado a gestores de todos os níveis governamentais.

• Criar metas e indicadores de desempenho para o MP com foco na apresentação de denúncias e controle das polícias, com política de transparência de dados e divulgação para a sociedade.

• Ampliar o número de defensores nos estados a fim de melhorar o acesso à Justiça, principalmente para aqueles que não podem pagar advogados.

• Introduzir emenda à Constituição Federal deixando claras a dimensão preventiva e a responsabilidade dos municípios e do governo federal na segurança pública.

• Fomentar a participação proativa dos municípios na segurança, para além das guardas municipais. Os municípios devem criar programas que reduzam os fatores de risco à violência gerando oportunidades para os públicos mais vulneráveis.

• Orientar a ação das guardas municipais para mediação de conflitos sociais, investindo na formação e aplicação de metodologias testadas.

• Criar arranjos permanentes de trabalho conjunto entre as polícias, a Defesa Civil, o MP, as defensorias e o Judiciário nos estados e no governo federal.

3. A segurança pública começa na prevenção

Como mencionado no capítulo anterior, prevenção significa, em termos práticos, apostar em estratégias que atuem sobre os fatores de risco e de proteção[1] da violência bem antes que ela ocorra, e, dessa forma, evitar que o crime aconteça.[2]

Hoje conhecemos mais a fundo o que funciona e o que não funciona quando falamos de prevenção, e explicaremos aqui as principais estratégias com eficácia já comprovada.[3] Algumas delas devem ser aplicadas como políticas universais, a exemplo do investimento na primeira infância. Outras devem ser focalizadas, concentradas em locais, grupos e comportamentos mais vulneráveis à violência. Prevenir a violência não significa apenas fomentar políticas públicas universais nas áreas de desenvolvimento humano, social e econômico, que, sem sombra de dúvida, são muito relevantes, mas potencializar aquelas que têm capacidade de reduzir a possibilidade de algumas pessoas se envolverem em situações de violência.

Quando falamos em prevenção de violência devemos começar olhando para o início da vida. A atenção à primeira infância e o apoio para que os pais entendam a importância e responsabilidade de sua função e desenvolvam as habilidades necessárias para educar e proteger seus filhos são cruciais. Isso fortalece a relação entre as crianças e seus responsáveis, criando vínculos mais estáveis, e diminui as chances de exposição à violência nessa fase fundamental da vida para a definição de comportamentos futuros.[4] Lembre-se de que quando a criança é exposta a violência, seja como vítima, seja como observadora, ela está mais sujeita a desenvolver comportamentos agressivos, traumas e impactos físicos, emocionais e neurológicos que em alguns casos determinam sua própria entrada no ciclo da violência.

Não podemos ignorar as mudanças sociais que vêm ocorrendo nas últimas décadas e que impactaram o formato das estruturas familiares. Essas mudanças incluem a maior participação feminina no mercado de trabalho e o aumento do número de mulheres responsáveis pelo sustento de suas famílias. Por isso, a criação de redes de proteção mais fortes – para além do núcleo familiar – e que se adaptem às novas realidades é fundamental. Pais, mães e outros responsáveis precisam passar mais tempo com seus filhos, e os governos, o setor privado e a sociedade precisam se estruturar para isso. Essa realidade já se reflete em políticas públicas e corporativas de países da Escandinávia e no Canadá, por exemplo.

O papel central da educação

A educação de qualidade é um fator de proteção essencial para prevenir a violência.[5] Como vimos, mais da metade dos cerca de 60 mil brasileiros assassinados por ano têm entre quinze e 29 anos.[6] São adolescentes e jovens em uma faixa etária destinada a conquistas, entre elas a conclusão de estudos nos ensinos médio e superior, além da entrada no mercado de trabalho. Muitos desses jovens tiveram suas trajetórias educacionais interrompidas antes do fim precoce de suas vidas.[7]

Os números revelam que aumentar o tempo de escolaridade funciona como elemento preventivo. Em 2014, a taxa de homicídios para indivíduos entre quinze e dezenove anos e de zero a três anos de estudo era de 262,7 por 100 mil habitantes. No outro extremo, a dos jovens da mesma faixa etária, mas com doze anos ou mais de escolaridade, era de 5,7. Os dados do *Mapa da violência* mostram que analfabetos ou pessoas com alfabetização deficitária têm 4.473% mais probabilidade de serem assassinados que aqueles que finalizaram o ensino médio ou estudaram mais.[8]

Se observarmos nosso sistema prisional, os números também acendem o alerta: 75% da população carcerária não acessou o ensino médio, tendo concluído, no máximo, o ensino fundamental.[9]

É vasta a bibliografia que situa a educação e mais especificamente a evasão escolar entre os fatores-chave da probabilidade de um jovem ser exposto à violência.[10] Um processo educacional de qualidade pode exercer papel crucial no desenvolvimento infantojuvenil e na prevenção dos crimes.[11] Há exemplos no Brasil de iniciativas que vêm levando em conta essa abordagem.

A busca ativa[12] para inclusão dos adolescentes na escola figura entre as doze recomendações do Comitê Cearense pela Prevenção de Homicídios na Adolescência para aperfeiçoar as políticas públicas que diminuem o número de assassinatos. Essa recomendação foi feita a partir de estudo constatando que mais de 60% dos adolescentes mortos em seis municípios do estado estavam fora da escola havia ao menos seis meses.[13] Os resultados vêm sendo apresentados a prefeitos, professores e estudantes com a finalidade de conscientizá-los do problema.

Para fortalecer a atuação dos prefeitos no tema da segurança, o Instituto Igarapé desenvolveu uma plataforma tecnológica voltada para a prevenção da violência nas cidades com o apoio do Programa Juntos, da ONG Comunitas. Lançada em 2017 pela Prefeitura de Paraty, no estado do Rio de Janeiro, o Observatório da Prevenção, como é chamada, monitora indicadores de educação, saúde e assistência social para direcionar as ações de prevenção do município e fortalecer os núcleos familiares mais vulneráveis. Dentre os dados monitorados estão a distorção idade-série e a identificação dos alunos com baixa frequência escolar a fim de desenvolver um programa em que a Secretaria de Educação, com apoio da assistência social, seja proativa na busca dos estudantes e no convencimento de que eles voltem às escolas municipais.[14]

Para além das estratégias citadas, ainda no âmbito das escolas, há metodologias de mediação e resolução não violenta de conflitos e o desenvolvimento de habilidades socioemocionais que são ferramentas importantes para professores e alunos.[15] É crucial tornar as escolas mais atraentes e acolhedoras.

Metodologias de terapia cognitivo-comportamental, que nada mais são que técnicas de autocontrole e designação de mentores acionáveis em momentos críticos, têm funcionado nas periferias de grandes cidades norte-americanas, tanto em programas com egressos do sistema prisional quanto com jovens vistos como "problemáticos" nas escolas, mas que podem ser parte da "solução", porque exercem liderança em seu ambiente.[16]

Reconhecer e priorizar a redução da vulnerabilidade causada pela interrupção da trajetória escolar significa envolver pais, professores, poder público – com destaque para as prefeituras, com todos os seus serviços – e a sociedade como um todo na prevenção da violência. Essa tarefa não é só das secretarias de educação e das escolas, ela precisa conectar e envolver toda a rede de proteção social dos municípios e da sociedade. Devemos proteger nossas crianças e nossos adolescentes para salvar nosso futuro.

Espaços públicos seguros

A criação de espaços públicos que contribuam para a convivência saudável e o estabelecimento de relações pacíficas entre as pessoas é outra importante política de prevenção.[17]

Quando falamos sobre construção de áreas urbanas seguras, que imagens vêm à nossa cabeça? Possivelmente muros altos, cercas elétricas e câmeras em abundância. De fato, esses elementos são priorizados por abordagens arquitetônicas baseadas na ideia de que criar obstáculos dificulta a ação de indivíduos que cometem crimes. Evidências têm indicado, no entanto, que esse esforço com frequência apresenta o resultado inverso.[18] Modelos defensivos produzem barreiras físicas para a convivência, reforçando as desigualdades e, consequentemente, a insegurança.

Felizmente, há algumas décadas os urbanistas vêm buscando alternativas a esse padrão, como mostra a prevenção de crimes por meio do desenho ambiental (em inglês, *crime prevention through environmental design*, ou CPTED). O conceito consiste em promover o senso de propriedade de espaços da cidade por parte de seus moradores, com elementos como fachadas de vidro, melhor iluminação e remoção regular de lixo. Por exemplo, em vez de construir muros altos, é melhor instalar grades, porque elas ajudam a manter a vigilância sobre o que acontece no espaço público. A lógica é proteger áreas e populações urbanas não pelo isolamento, mas pela visibilidade e conectividade.[19]

A criação de espaços de convivência entre cidadãos também fortalece seu engajamento com a manutenção da segurança. Áreas recreativas de alto padrão, incluindo bibliotecas, espaços culturais e esportivos, instaladas em bairros com populações vulneráveis são exemplo disso. A reabilitação de parques urbanos e centros históricos, incluindo políticas que incentivem a moradia nessas áreas, também é fundamental.

Transporte público de qualidade e barato entra igualmente na equação. No mundo, há diversos exemplos de cidades que apostaram em algumas dessas medidas, como Copenhague, Bogotá, Medellín e Los Angeles. Os modelos de desenho urbano de Medellín e Bogotá são inspiradores porque promovem a integração física e social de locais mais vulneráveis com o restante da cidade, criando espaços seguros de convivência.[20]

Inspirada em Medellín, uma experiência com forte potencial vem sendo implementada no Nordeste do Brasil, em Recife. O Centro Comunitário da Paz (Compaz), cujas duas primeiras unidades foram inauguradas pelo município em 2016 e 2017 em áreas de alta vulnerabilidade social, coloca à disposição de jovens atividades esportivas, biblioteca, aulas de idiomas, reforço escolar e capacitação para geração de renda. Os centros oferecem também serviços judiciários, como a mediação de conflitos, e toda a gama de serviços municipais de assistência social para as famílias. O foco dos espaços não é somente promover a inclusão social, mas também fortalecer as relações comunitárias. Para isso, a interlocução com moradores das duas regiões onde o Compaz foi instalado é uma estratégia essencial do programa.[21]

Fica evidente que a segurança pública também se faz com ações que não são da alçada da polícia. No desenho federativo brasileiro, grande parte das ações de prevenção como as aqui descritas é de competência dos municípios. Está na hora de os prefeitos assumirem suas cotas de responsabilidade na segurança pública e trabalharem de maneira coordenada com os estados. Ações de prevenção são fundamentais para alcançarmos a tão sonhada paz social.

Para virar o jogo

• Promover programas de atenção à primeira infância e ações para a prevenção e redução de abuso físico e sexual infantil.

• Combater a distorção idade-série e a evasão escolar, em especial no ensino fundamental II e no ensino médio, incluindo estratégias de busca ativa, acompanhamento e retenção escolar.

• Conectar as escolas à rede de proteção social dos municípios para melhorar o atendimento integral às famílias mais vulneráveis.

• Criar novas condições de trabalho para mães e pais de crianças até doze anos, incluindo jornadas flexíveis, trabalho à distância, entre outras. Governos, setor privado e sociedade precisam participar dessas mudanças.

• Treinar professores, agentes de saúde e assistentes sociais em metodologias de mediação de conflitos, fortalecimento de habilidades parentais e detecção precoce de doenças mentais e dependência química, para encaminhamento aos serviços públicos especializados.

• Destinar orçamento público adequado às políticas e aos programas que previnem e reduzem a violência de gênero e garantem às mulheres e meninas acesso à educação de qualidade, profissionalização e emprego decente em igualdade de condições.

• Garantir a efetividade da Lei Maria da Penha (violência doméstica), da Lei do Feminicídio, da lei n.13.431/2017 (que estabelece o sistema de garantia de direitos da criança e do adolescente vítimas ou testemunhas de violência) e do princípio da organização de atendimento público especializado para mulheres e vítimas de violência doméstica no Sistema Único de Saúde (lei n.13.427).

• Criar espaços seguros de convivência comunitária e promover o planejamento territorial urbano com foco em recuperação, ocupação, ordenamento e revitalização de espaços urbanos degradados e nos territórios mais afetados pela violência.

• Reduzir fatores de risco territoriais em lugares com alto índice de violência, incluindo melhoria da iluminação pública, estabelecimento de limite de horários para funcionamento de bares, fiscalização de estabelecimentos irregulares, entre outras medidas.

• Promover a regularização fundiária sustentável em territórios urbanos informais.

4. As polícias no Brasil

Quando pensamos em segurança pública, a primeira coisa que nos vem à cabeça é a polícia. E isso é normal. Afinal, a polícia é um agente central no sistema de segurança pública e justiça criminal. Temos no Brasil um sentimento contraditório em relação a essa instituição.[1] Já cantavam os Titãs: "Polícia para quem precisa, polícia para quem precisa de polícia."

Ao mesmo tempo que muita gente tem medo ou não confia na polícia, outras pessoas a acionam a qualquer sinal de problema. Chama-se a polícia para tudo. Se nosso vizinho toca o som alto, se há uma briga na rua, se fomos roubados, presenciamos um roubo ou vemos alguma pessoa suspeita na rua. É na delegacia de polícia que vamos registrar uma ocorrência, e, mesmo quando fazemos isso pela internet, é a polícia quem recebe a informação. A polícia é um dos únicos órgãos do Estado disponível 24 horas por dia, sete dias por semana. Ela acaba agindo como uma espécie de "faz-tudo".

Em todo o mundo, a polícia tem duas grandes funções: o combate e enfrentamento do crime e a manutenção da paz e da ordem. Ela atua em diferentes situações, não apenas naquelas relacionadas ao crime. Sua autoridade para agir vem de uma característica central: a polícia pode usar a força, inclusive letal, de maneira legítima. Ter essa compreensão é fundamental para entender parte das discussões mais acaloradas no Brasil da atualidade.

O fato de a polícia poder usar a força a torna automaticamente violenta? A resposta para essa pergunta é não, o que não significa deixar de reconhecer que muitas vezes a polícia age com violência. Por isso, é muito importante diferenciar as duas coisas: uso legítimo da força e violência policial. Consideramos que há violência policial quando o emprego da força é ilegal ou desproporcional.[2] A polícia é um dos representantes do Estado que podem usar a coerção para garantir que as pessoas cumpram as normas estabelecidas na sociedade. Essa regra faz parte do contrato social. No entanto, a força não pode ser usada de qualquer maneira. Há regras que devem ser obedecidas, entre as quais a de que ela deve ser empregada de maneira cirúrgica e o mínimo possível, sempre quando outras alternativas não forem apropriadas, e invariavelmente de forma proporcional.[3] Caso contrário, além de agir na ilegalidade, a polícia se torna violenta, e, por conseguinte, as pessoas deixam de acreditar nessa instituição e temem recorrer a ela quando necessitam.

Como a polícia tem o poder de interferir em dois direitos fundamentais do ser humano – a vida e a liberdade –, ela precisa agir segundo normas muito estritas e ser amplamente controlada e fiscalizada.[4] Sua autoridade e seu poder têm limites.

A Polícia Militar e a Polícia Civil

Ao contrário da maior parte dos países, o Brasil divide as polícias por função e território. A Polícia Militar é responsável pelo policiamento ostensivo e pela preservação da ordem pública. Na prática, ela faz o patrulhamento, a repressão ao crime e atende aos chamados do 190. Em geral, é a Polícia Militar que vemos nas ruas, uniformizada. A Polícia Civil exerce as funções de polícia judiciária e apura as infrações penais. Isto é, além de ser responsável pelos registros, ela investiga os crimes. Quando registramos um crime ou a perda de documento, em geral é na Polícia Civil que fazemos isso. Do ponto de vista territorial, cada estado tem essas duas polícias.

Na maioria dos países, há dois modelos: polícia única ou polícia de ciclo completo dividida por território e/ou tipo de crime. A polícia é única quando há apenas uma força que age em todo o território nacional. Este é o caso dos Carabineros, no Chile, ou da Polícia Nacional Colombiana.[5] O outro modelo é o de várias polícias divididas por territórios, como, por exemplo, nos Estados Unidos. Lá, as polícias podem ser municipais – como o Departamento de Polícia da cidade de Nova York; distritais – como o Departamento de Polícia do distrito de Fairfax; ou estaduais – como a Polícia do estado de Nova York. Todas são de ciclo completo, ou seja, fazem patrulhamento e investigação. Nos Estados Unidos há aproximadamente 18 mil diferentes polícias. A exceção é o FBI (Federal Bureau of Investigation), a polícia federal americana, que, assim como a brasileira, só faz investigação.[6]

A divisão das funções de polícia em duas instituições (o patrulhamento, feito pela Polícia Militar, e a investigação, pela Polícia Civil) é um desafio para a atuação eficiente em todos os estados brasileiros. O trabalho de uma depende da outra, e infelizmente muitas vezes elas não trabalham em conjunto. Por exemplo, a estratégia mais eficaz de patrulhamento é a concentração de policiais e viaturas nos locais, dias e horários com maior incidência criminal – o chamado policiamento de manchas criminais.[7] No entanto, a responsabilidade pelo registro das ocorrências criminais é da Polícia Civil, que nem sempre compartilha as informações com a Polícia Militar. O contrário também acontece. A Polícia Militar é quem está na rua e tem maior proximidade com o cidadão. Muitas informações essenciais numa investigação criminal são de conhecimento dos policiais militares, que acabam não as compartilhando com a Polícia Civil. O fato é que precisamos dessas duas atividades para reduzir a criminalidade e dar uma resposta à ação dos criminosos.

Apesar de o modelo brasileiro não favorecer um trabalho coeso, ele não impede que se melhorem a atuação e os resultados das polícias. O primeiro passo para isso é a decisão de direcionar suas ações para reduzir os crimes violentos e melhor atender o cidadão. Muitas vezes a Polícia Militar está mais ocupada na apreensão de usuários de drogas que na ação preventiva eficaz, feita com patrulhamento inteligente e atendimento de qualidade à população. Esse tipo de atuação consome os poucos recursos disponíveis com uma atividade que não produz os resultados esperados e não torna a sociedade mais segura.

Um exemplo de projeto que busca a integração e o compartilhamento dos dados entre as polícias e maior eficácia na prevenção e redução do crime foi desenvolvido no Rio de Janeiro utilizando tecnologia de ponta. Essa iniciativa é fruto de uma parceria realizada a partir de 2015, quando um grupo de empresários e profissionais liberais desse estado se uniu ao Instituto Igarapé para promover ações e projetos na área de segurança pública, em conjunto com instituições estaduais. Essa parceria foi responsável, em 2016 e 2017, pela implementação de um sistema de análise criminal no Instituto de Segurança Pública da Secretaria de Segurança do Estado do Rio de Janeiro, chamado ISPGeo, que permitiu melhorar o georreferenciamento dos crimes no Rio de Janeiro, além da visualização e do acompanhamento das manchas e dinâmicas criminais. O sistema permite o compartilhamento de dados em tempo real entre as duas polícias e, consequentemente, uma atuação mais efetiva da Polícia Militar, com melhor planejamento e alocação de efetivo em locais e horários de maior probabilidade de ocorrências criminais.[8]

No âmbito da Polícia Civil, o investimento em inteligência é essencial, pois se ela não for capaz de investigar, coletar provas e identificar os autores de crimes violentos, continuaremos assistindo às escandalosas taxas de impunidade no país. Não se combate a impunidade aumentando as penas de forma aleatória e generalizada – opinião comum no debate público –, mas investindo em inteligência e capacidade de investigação para elucidação de crimes e no levantamento de provas para que os criminosos sejam julgados o mais rápido possível. Criminologistas concordam que, quando o assunto é desincentivar o cometimento de crimes, a certeza da pena impacta muito mais que sua duração.[9] E, como já explicamos, só se pode punir depois de julgar. Para que as pessoas sejam julgadas, é preciso que elas sejam identificadas. Se quase ninguém chega a ser punido, de que adianta aumentar a pena?

O Departamento de Homicídio e Proteção à Pessoa (DHPP) da Polícia Civil de São Paulo é um reconhecido caso de excelência na investigação e no esclarecimento de assassinatos. A mudança começou em 2001, quando o estado apresentava altas taxas desse tipo de delito.[10] O Plano de Combate aos homicídios levou a um aumento de 700% no número de criminosos presos e foi resultado de uma estratégia séria e competente, focada na prisão de homicidas contumazes.[11] Para isso, foram criadas equipes especializadas em cena de crime e privilegiou-se o esclarecimento de chacinas; para conquistar a confiança dos familiares das vítimas, os investigadores acompanham o caso até o julgamento. Em 2005, o DHPP alcançou a marca de 65% de esclarecimento dos casos investigados,[12] percentual alto para o padrão brasileiro, mas ainda abaixo do padrão europeu, que esclarece entre 77 e 98% dos assassinatos.[13]

O caminho da punição não pode ser encurtado. Lemas como "Bandido bom é bandido morto", ao contrário do que possa parecer, coloca todos nós em risco. Incentivar uma ação violenta da polícia ou mesmo de cidadãos, em lugar de uma ação inteligente e dentro da lei, e estimular o julgamento baseado em vingança, sem direito de defesa, são o primeiro passo para a tirania e levam a um beco sem saída. É muito mais seguro para todos nós que o suspeito seja preso, julgado e condenado, caso se prove culpado. A exceção são os casos de legítima defesa. Se uma boa investigação e a produção de provas não forem as condições mínimas para o julgamento correto, e, em vez disso, aceitarmos que a polícia pode decidir e aplicar a sentença de forma sumária – e a ação violenta da polícia com frequência termina em morte –, quem garante que amanhã não seremos nós a sermos julgados e sentenciados da mesma forma?

Ao contrário do que se imagina, as ocorrências que envolvem confronto entre polícia e bandidos são exceções no dia a dia de grande parte dos policiais. Na maior parte do tempo, eles fazem patrulhamento – uma atividade cujo principal objetivo é prevenir que algo aconteça pela simples presença da polícia e não ir atrás de bandido. Quando o policial decide agir em uma situação de patrulhamento, na maioria das vezes o que ele tem à disposição são elementos frágeis, como cor da pele, gênero, idade, local e uma interpretação subjetiva do comportamento observado para inferir que se trata de um criminoso. Sem fatos concretos que indiquem se tratar de uma pessoa cometendo crime, os estereótipos assumem papel de destaque nas decisões dos policiais e com frequência são usados equivocadamente como indicadores de culpa, podendo levar qualquer pessoa a ser tratada como bandido.

A ação violenta por parte da polícia também é uma armadilha porque incentiva a ação violenta por parte dos bandidos.[14] Nessas situações, a lógica que prevalece é a de guerra – quem atirar primeiro sai vivo. E, afinal, todos querem sair vivos do confronto. Como já foi mencionado, nesse trágico espetáculo não há ganhadores, só perdedores. O resultado é que, com o aval da sociedade, a polícia mata muito e morre muito.

Muitos policiais reclamam que só ganham as manchetes dos jornais nos casos em que há violência ou quando fazem algo errado. Nunca é demais repetir que a imensa maioria dos policiais faz um excelente trabalho e dedica sua vida a proteger a sociedade. Não só precisamos deles, como devemos reconhecer e valorizar os que são honestos e competentes. Se não fizermos isso, corremos o risco de reforçar a desconfiança generalizada na polícia e colocamos em perigo sua própria efetividade. O trabalho policial depende da colaboração das pessoas, e a colaboração depende da confiança que temos na polícia.

No fundo, não há escapatória. Como sociedade, precisamos por um lado acompanhar, controlar e fiscalizar de perto a ação da polícia. Não podemos abrir mão da legalidade, de exigir que os policiais cumpram rigorosamente a lei. Por outro, cabe valorizar e cuidar do policial. Os desafios, os riscos e a responsabilidade desses profissionais são enormes para ignorarmos suas condições de trabalho. Treinamento adequado, equipamento de qualidade, salários dignos e um cuidado especial com a saúde mental dos agentes de segurança são fundamentais para que eles desempenhem bem suas funções a fim de prover um serviço de qualidade.

A redução da violência só ocorrerá se privilegiarmos a inteligência em detrimento do uso excessivo da força, e a proximidade e qualidade no atendimento em detrimento do confronto generalizado. O uso intensivo de tecnologia certamente irá acelerar a transformação que desejamos. O contexto brasileiro é bastante complexo, principalmente na segurança, e somente com uma polícia bem-preparada, valorizada e inteligente viraremos o jogo.

O que é desmilitarização da polícia?

A desmilitarização da Polícia Militar tem sido apontada como um dos caminhos para a redução da violência policial. Mas será que é o fato de ser militar que torna a polícia violenta? E se ela se desmilitarizar, o que acontece na prática?

Diferentes polícias no mundo são militares, como no Chile e na Colômbia, e não apresentam o mesmo nível de letalidade da Polícia Militar brasileira – que, embora alto, apresenta variações de estado para estado. Portanto, esse indicador não parece o elemento determinante na qualidade da atuação dos policiais.

Se a Polícia Militar for desmilitarizada, ela não deixará de portar armas e usar uniforme. Ela deixará de ser força auxiliar e reserva do Exército. Essa ligação existe desde o início do século XX, e, ao longo das décadas, em especial durante a ditadura militar, não foram raras as intervenções do Exército na Polícia Militar. Antes responsável por proteger os estados das intervenções federais e fazer a guarda armada de prédios públicos, ela gradativamente foi assumindo funções de policiamento urbano. Seu caráter militar, porém, permaneceu e acabou confirmado pela Constituição de 1988.

Analisando de maneira estrita, desmilitarizar a Polícia Militar significa que ela deixa de ser força auxiliar e reserva do Exército, e os policiais militares deixam de se submeter ao Estatuto dos Militares (lei n.6.880/1980) e ao Código Penal Militar (decreto-lei n. 1.001/1969), não mais respondendo à Justiça Militar. Com isso, em todos os casos, passam a ser julgados pela Justiça comum e estarão sujeitos às mesmas regras dos civis, já que há diferenças entre os crimes previstos no Código Penal e no Código Penal Militar, bem como nos tipos de punição previstos nos dois. Atualmente, os policiais militares só são julgados pela Justiça comum quando cometem crime contra a vida de civis. Com a desmilitarização, outra mudança é que a polícia passa a ter flexibilidade para desenhar seus planos de carreira.

Como descrevemos, o fato de as funções de polícia serem divididas em instituições diferentes torna o modelo brasileiro incomum e pouco eficiente. A melhoria dos serviços policiais e a redução da letalidade vão muito além da desmilitarização das polícias militares brasileiras. O debate passa pelo modelo de polícia que adotamos, pelo aprimoramento dos processos de seleção, formação e treinamento, pela adoção de um sistema de supervisão eficiente, pelo planejamento com base em dados, uso de tecnologia, monitoramento, avaliação e pelo controle externo das forças policiais.

A Polícia Federal

Em tempos de Lava Jato, a maior operação contra a corrupção já feita no Brasil, é importante entender o papel da Polícia Federal na segurança pública. De acordo com a Constituição, a Polícia Federal tem diferentes responsabilidades, como o policiamento no mar, em aeroportos e fronteiras, e a investigação de diferentes crimes.[15] Assim como a Polícia Civil, sua principal atribuição é investigar. O que determina se um crime fica a cargo da Polícia Civil ou da Federal é seu tipo. Se for um crime federal, ele será investigado pela Polícia Federal e julgado pela Justiça Federal. Os crimes que afetam a União (o Estado em si ou seus órgãos e empresas) são crimes federais. Por exemplo, se há desvio de dinheiro que envolva um ministério, a responsabilidade da investigação é da Polícia Federal. O mesmo acontece com crimes cometidos contra empresas públicas, como os Correios e a Caixa Econômica Federal.

A Polícia Federal também é responsável pela apuração de crimes que envolvam mais que um estado brasileiro ou outro país. Se uma quadrilha de roubo de cargas atua em mais de um estado, ou há um crime envolvendo tráfico internacional de armas e drogas, a investigação cabe à Polícia Federal, que também averigua a formação de cartel, violações dos direitos humanos, os atentados contra a ordem política e social que ameaçam a soberania nacional, o funcionamento do Estado e os chefes dos poderes da União.

No caso das investigações, o papel da Polícia Federal é análogo ao da Polícia Civil. Ela instaura o inquérito e realiza os procedimentos investigativos em busca de provas que corroborem o crime e identifiquem sua autoria. No fim, a Polícia Federal envia o inquérito para o Ministério Público Federal, responsável por apresentar a denúncia à Justiça Federal.

As guardas municipais

As guardas municipais são forças uniformizadas de caráter civil cujo ofício é a proteção preventiva. Tecnicamente não são consideradas uma polícia e têm atribuições limitadas que, de acordo com a Constituição, objetivam apenas proteger os bens, serviços e instalações do município. Suas responsabilidades ficaram mais claras em 2014, quando o Congresso Nacional aprovou o Estatuto Geral das Guardas Municipais.[16] O Estatuto ampliou o escopo de atuação das guardas, incluindo a possibilidade de proteção das ruas e não apenas dos patrimônios e instalações municipais. Na prática, isso gerou um questionamento sobre a constitucionalidade do Estatuto, já que uma lei ordinária não pode ser contrária à Constituição Federal. Da forma como ela foi aprovada, as guardas passam a ter competências que a Constituição estabelece como sendo da Polícia Militar.

Independentemente da disputa, há um enorme espaço para a atuação das guardas municipais. Isso porque uma grande parte do trabalho da Polícia Militar está voltada para problemas não criminais (perturbação do sossego, por exemplo), o que deveria ser vocação das guardas, agindo próximo às pessoas e com foco em ações educativas e de mediação de conflitos, de forma a colaborar com a autorregulação e a regulação coletiva.

De fato, as guardas têm um lugar privilegiado para realizar atividades que as polícias não dão conta de fazer, especialmente no âmbito da prevenção primária, facilitando a convivência harmônica entre as pessoas. Essas atividades envolvem a segurança escolar, com a disseminação de uma cultura de paz; uma atuação ativa nos espaços públicos, facilitando a convivência; e um trabalho integrado com os órgãos de polícia administrativa com foco na fiscalização de posturas e ordenamento urbano. É fundamental avançar em um formato de policiamento que não se ancore no uso da força, que priorize o exercício da autoridade por meio da confiança e da proximidade, voltado para a mediação dos conflitos e a pacificação social.[17]

Diversas guardas municipais no país têm inovado e assumido um protagonismo relevante em assuntos que não recebem atenção especial das polícias, como, por exemplo, as patrulhas Maria da Penha, para prevenção e cumprimento da lei contra a violência doméstica. Este é o caso da Guarda Municipal de Campo Grande, em Mato Grosso do Sul. Lá, a guarda exerce ação proativa e realiza visitas de acompanhamento para monitorar o cumprimento das medidas protetivas. Além disso, ela oferece um plantão de 24 horas para atender aos casos de emergência. Entre a inauguração desse serviço, em fevereiro de 2015, e dezembro de 2016, a Patrulha Maria da Penha da Guarda Municipal de Campo Grande fez mais de 1.500 visitas domiciliares, nas quais conseguiram entrevistar as beneficiárias, e 169 atendimentos por risco imediato.[18]

Interesses privados, corrupção e crime organizado

Para o contrato social funcionar é fundamental que ninguém esteja acima da lei. Todos são iguais perante ela. Quando um agente da lei, aquele que deveria ser o garantidor e fiscalizador de seu cumprimento, a descumpre, os danos são profundos. Abala a confiança das pessoas em todo o sistema de segurança pública e justiça criminal – uma engrenagem cujo bom funcionamento é um dos pilares fundamentais para estarmos seguros. Por isso é essencial que se fortaleçam a transparência e a fiscalização de condutas e ações dos agentes e instituições responsáveis por ela; e caso pratiquem desvios ou crimes, que sejam processados e julgados rapidamente.

Com o aumento do medo e da criminalidade, cresce a demanda por proteção. Mas nem sempre essa demanda é suprida de maneira legal, provocando um enorme risco para a sociedade. A falha na segurança pública propicia um ambiente fértil para o crescimento da segurança privada e o surgimento de ilegalidades e criminalidade em parte do aparato repressivo do Estado.

Nesta complexa trama, há diferentes níveis de agravantes: 1) conflitos de interesse – que não necessariamente configuram crime, mas que abrem precedentes para que interesses privados sejam sobrepostos aos públicos e que investimentos públicos subsidiem a iniciativa privada sem intencionalidade deliberada, como o caso de algumas empresas de segurança privada; 2) corrupção e extorsão; e 3) formação de grupos paramilitares que se tornam facções do crime organizado e constituem uma grave ameaça à democracia.

Para começar, a legislação e as normativas vigentes no país não permitem que agentes da segurança pública sejam proprietários de empresas de segurança privada nem prestem serviços para elas. Isso porque pode haver conflito de interesse nessa relação entre segurança pública e privada. De uma forma bem simplista, a segurança pública tem como objetivo reduzir a criminalidade, enquanto as empresas de segurança privada visam aumentar o lucro – e este cresce na medida em que a segurança pública não alcança seu objetivo.

Para além da possibilidade de conflito entre os objetivos primários, há outras preocupações quanto a possíveis distorções na operacionalização do trabalho. Por exemplo, se um policial é contratado por um estabelecimento comercial para fazer a segurança do mesmo em seu horário de folga, esta vinculação extraoficial pode levá-lo a privilegiar o patrulhamento desse local quando estiver em serviço, desvirtuando a provisão do serviço público. Outros possíveis problemas nesse sentido dizem respeito às prerrogativas que os policiais têm por serem policiais, das quais a segurança privada pode tirar proveito, tais como a formação especializada e o porte de arma 24 horas. É preciso aprimorar a regulação, a fiscalização e a relação entre a segurança privada e a segurança pública no país.

A corrupção dos agentes de segurança é outra questão que precisa ser enfrentada para que não ocorra deturpação do sistema. Quando um profissional responsável por fiscalizar e aplicar a lei recebe propina para não cumprir sua obrigação, corrompe-se o próprio princípio que orienta o funcionamento do contrato social, e portanto ele não se sustenta. Parte do modelo está ancorado no fato de que se a lei não for cumprida, haverá uma sanção. Quando a corrupção entra em cena, a lei deixa de ser igual para todos.

Há diferentes dimensões de corrupção. Pode ser desde o recebimento de propina para liberar alguém de uma multa por infração de trânsito até o fornecimento de informações antecipadas sobre uma operação policial ou de fiscalização, permitindo que os que não estão cumprindo a lei não sejam punidos. A corrupção é danosa não apenas quando praticada por policiais, mas ela se agrava conforme avança no sistema de segurança pública e justiça criminal.

O terceiro tipo de problema é quando os agentes de segurança passam a ser os algozes. A história das milícias no estado do Rio de Janeiro e a de outros grupos de justiceiros país afora têm origem no contexto de desesperança e crescimento da cri-

As polícias no Brasil   63

minalidade. Eles surgiram com o intuito de oferecer proteção e livrar a sociedade de criminosos, só que fazendo justiça com as próprias mãos. Na maior parte dos casos, os grupos foram formados por agentes da lei, da ativa ou afastados. A gravidade, como já mencionado, é a arbitrariedade envolvida quando não há necessidade de seguir procedimentos e parâmetros acordados e aceitos coletivamente.

No caso das milícias, o "serviço de segurança" é cobrado de forma ilegal de empresários e moradores. Agindo na marginalidade, o negócio se expandiu e outros serviços também passaram a ser cobrados ilicitamente, como fornecimento de gás, energia, TV a cabo, transporte informal, entre outros. A população que vive em áreas controladas por elas se torna refém: ou paga ou sofre as consequências. E as consequências são assustadoras.

Esse tipo de crime é especialmente danoso para a sociedade porque ataca frontalmente a liberdade e submete as pessoas de uma determinada comunidade a regras paralelas ao Estado e sem as formas de controle estabelecidas no contrato social, podendo, inclusive, colocar vidas em risco. Atualmente há informações de que as milícias estão entrando no mercado de drogas e se aliando a facções criminosas, o que agrava ainda mais o contexto, exigindo inteligência e uma pronta resposta do Estado.

Agentes da lei são a base do modelo do contrato social e não podemos deixar de confiar em quem deveria nos proteger. Crimes cometidos por eles, ademais dos crimes violentos, precisam ser focos prioritários de investigação e esclarecimento.

O uso das Forças Armadas na segurança pública

Embora esteja em alta, o uso das Forças Armadas na segurança pública é uma medida extraordinária e não deve se tornar a regra. As Forças Armadas são compostas por Exército, Aeronáutica e Marinha. Juntas, elas são responsáveis pela integridade do território nacional; defender os interesses e os recursos naturais, industriais e tecnológicos brasileiros; proteger os cidadãos e os bens do país; e assegurar a soberania da nação. Também é missão das Forças Armadas garantir os poderes constitucionais – Executivo, Legislativo e Judiciário – e, segundo iniciativa desses poderes, atuar na garantia da lei e da ordem para preservar o exercício da soberania do Estado e a indissolubilidade da Federação.[19]

Em outras palavras, as Forças Armadas têm como missão zelar pela segurança nacional, e portanto seu foco está nas ameaças que vêm de fora do país e colocam em risco o poder de decisão que nós, brasileiros, temos sobre nosso território. Nessa perspectiva, elas nos protegem. Vimos no início do capítulo que as polícias têm outra missão: o combate e enfrentamento do crime e a manutenção da ordem. A distinção é relevante, pois há diferenças importantes entre as funções e habilidades que os membros das Forças Armadas e os policiais devem ter. Essa diferença está presente desde o recrutamento, treinamento e preparo para lidar com suas missões até a prática da atividade principal de cada operação.

Apesar da diferença entre esses profissionais, temos observado com frequência a participação das Forças Armadas, em especial do Exército, na garantia da segurança pública. A intervenção federal no estado do Rio de Janeiro, decretada em fevereiro de 2018,[20] é o capítulo mais extremo da crise na segurança que afeta diversos estados brasileiros há décadas. Nesse caso específico, o presidente da República nomeou como interventor um oficial da ativa do Exército. Associado a isso, já havia autorizado a atuação das Forças Armadas na segurança pública do estado até o final do mesmo ano.

Não é de hoje que as Forças Armadas são chamadas para apagar incêndios e lidar com questões emergenciais decorrentes de problemas estruturais causados pela negligência dos governos quanto aos temas da segurança pública e da justiça criminal.

Entre 2008 e 2017, o Exército participou de 67 operações de Garantia da Lei e da Ordem (GLO) país afora.[21] Na GLO, os militares atuam de forma provisória, com poder de polícia, até o restabelecimento da normalidade, em área restrita e por tempo limitado. Eles coordenam sua atuação com as forças policiais dos estados e alinham objetivos e estratégias com a liderança da respectiva Secretaria de Segurança Pública. A eficácia dessas ações tem sido contestada, dados o seu alto custo e o efeito de curta duração.[22]

A ação das Forças Armadas entre 2014 e 2015 no Complexo da Maré, no Rio de Janeiro, por exemplo, representou um gasto de R$1,7 milhão por dia, R$400 milhões no total. Ela empregou 2.500 militares e, de acordo com autoridades do próprio governo federal, surtiu pouco efeito, apesar do custo elevado.[23] A intervenção vai além da GLO e é uma medida de exceção máxima, usada pela primeira vez no estado do Rio de Janeiro em 2018, desde a promulgação da Constituição de 1988. Durante sua vigência, uma área do governo estadual fica sob responsabilidade direta de um interventor federal, com plenos poderes operacionais. No caso do Rio de Janeiro, a intervenção foi feita na Secretaria de Segurança Pública, fazendo com que as polícias Civil e Militar, os Bombeiros e o sistema penitenciário fiquem sob o comando de um general do Exército, o interventor nomeado.

Tanto a intervenção quanto as GLOs são realizadas exclusivamente por ordem do presidente da República. A intervenção é a última medida constitucional prevista com o objetivo de restaurar a ordem pública sem que haja restrições de liberdades e direitos dos cidadãos. Em caso de intervenção, o direito fundamental da liberdade está garantido, o que inclui os direitos de ir e vir, de protestar, de se reunir, a exigência de mandado judicial para busca e apreensão em domicílio, a prisão apenas sob circunstâncias legais e direito ao devido processo legal. De acordo com a lei, a única diferença quanto à situação normal é que o governo federal assume provisoriamente um poder estadual. Essa é uma questão de administração pública que não afeta os direitos da população.

Outras medidas previstas constitucionalmente são o estado de defesa e o estado de sítio, porém, estes suspendem direitos fundamentais dos cidadãos.[24] O estado de defesa pode ser de-

As polícias no Brasil   67

cretado, por exemplo, para responder a calamidades naturais; e o estado de sítio, em casos de guerra.

O uso das Forças Armadas na segurança pública é de fato exceção e precisa sempre estar em linha com as normas e leis de um Estado democrático. Em decorrência das diferentes atribuições constitucionais, da falta de treinamento e dos riscos envolvidos – incluindo a corrupção de agentes militares e a possibilidade de interpretação de que está autorizado o uso de mais violência –, ele não pode se tornar uma regra. Para isso, precisamos investir nas estruturas e instituições que têm o dever e o mandato da segurança pública, e que podem efetivamente reverter o quadro e garantir a sustentabilidade da segurança no país.

Para virar o jogo

• Melhorar o registro, o georreferenciamento, a gestão, o compartilhamento e a transparência dos dados da segurança pública nos estados e no plano federal.

• Fomentar a priorização pelas polícias militares estaduais do policiamento de manchas criminais, usando recursos tecnológicos analíticos e operacionais integrados, que incluem o uso de GPS, videomonitoramento, entre outros.

• Investir na capacidade de investigação criminal da Polícia Civil e na estrutura das perícias.

- Fomentar a criação de programas integrados de metas entre as polícias Militar e Civil, a partir de áreas integradas de segurança pública (Aisp).

- Avançar no debate sobre reformas do modelo policial brasileiro.

- Investir em treinamento continuado das forças policiais, em especial na padronização de procedimentos de abordagem, investigação, coleta de dados e emprego da força.

- Investir em policiamento comunitário e na atuação próxima à comunidade.

- Investir em programas de valorização das polícias, incluindo a melhoria das condições de trabalho e os cuidados com a saúde mental.

- Melhorar o controle das polícias pelas corregedorias, ouvidorias e pelo Ministério Público, em especial para combater a corrupção dos agentes de segurança pública e diminuir as mortes decorrentes de ação policial.

- Lançar mão de recursos tecnológicos para melhorar a efetividade do trabalho policial, aproximar policiais da população e diminuir o tempo de resposta das ocorrências criminais. Isso inclui o investimento em sistemas de análise criminal por georreferenciamento, câmeras corporais, aplicativos que facilitem denúncias e contato entre cidadãos e policiais, entre outros.

5. Punição e prisão – o paradoxo brasileiro

O grau de civilização de uma sociedade transparece em suas prisões, já dizia Fiódor Dostoiévski. Julgue você mesmo qual é o nosso. O ano de 2018 começou com novos episódios brutais da crise carcerária brasileira, dessa vez em Goiás e no Ceará.[1] O Brasil tem 726 mil presos com um déficit de 358 mil vagas.[2] Isso significa que só temos espaço para metade deles. Essa situação impacta diretamente a possibilidade de se desenvolver o trabalho de reintegração dessas pessoas à sociedade durante o cumprimento da pena.

Em 2000, havia no país 232 mil detentos. O aumento de 212% nos levou ao terceiro lugar em população carcerária no mundo, atrás apenas dos Estados Unidos e da China.[3] As principais organizações criminosas brasileiras nasceram ou se fortaleceram dentro dos presídios – onde recrutam novos membros. Esse é o caso do Primeiro Comando da Capital (PCC) e do Comando Vermelho (CV), por exemplo. Um dos objetivos das prisões é reduzir a criminalidade, ao evitar que a pessoa encarcerada continue praticando crimes, mas isso não tem ocorrido por aqui.

A situação atual poderia ter sido evitada se nossas autoridades não tivessem sido negligentes e irresponsáveis. Se antes as rebeliões aconteciam para reivindicar melhores condições nos presídios, hoje elas ocorrem também por disputas pelo controle do sistema penitenciário e da prática de crimes a partir da prisão. Resolver o grave problema da situação carcerária no país é tarefa central para diminuir o atual nível de criminalidade no Brasil. As medidas de enfrentamento para esse quadro, apresentadas pelas autoridades – a transferência de presos para o sistema federal e o repasse de recursos –, em geral, oferecem um remédio de curto prazo, mas não resolvem a questão. Os agentes penitenciários costumam ser mal treinados e muitas vezes reproduzem comportamentos violentos que deveriam ser rechaçados. Outros profissionais fundamentais, atuando na assistência social, psicológica, de saúde e educação dentro do sistema penitenciário, tampouco são valorizados. Faz-se urgente retomar o controle dos presídios, e o principal vilão dessa história somos nós mesmos, a sociedade, e nossas lideranças, que não enfrentamos a crise do sistema de segurança pública e justiça criminal brasileiro. Há solução para essa encruzilhada.

Os dramáticos casos recentes

As primeiras semanas de 2017 foram banhadas de sangue. A violência irrompeu em diferentes prisões. O primeiro massacre ocorreu em 1º de janeiro, no Complexo Penitenciário Anísio Jobim, em Manaus, administrado por uma empresa privada, deixando um saldo de 56 mortos – quase todos suspeitos de filiação ao Primeiro Comando da Capital, facção com base em São Paulo.[4]

Cinco dias depois, 33 detentos foram executados na Penitenciária Agrícola de Monte Cristo, em Roraima.[5] Boa parte deles era filiada à Família do Norte, organização criminosa associada ao Comando Vermelho, facção do Rio de Janeiro. Nos dias seguintes, outros oito detentos foram mortos em Manaus; no terceiro fim de semana do mês, pelo menos 26 morreram em rebelião na Penitenciária de Alcaçuz, em Natal. Ao todo, mais de 130 detentos perderam a vida – muitos deles decapitados e estripados.[6] Vídeos registrando as atrocidades circularam nas mídias sociais.

Esse sadismo é intencional, destinado a enviar um recado. Mas é também uma consequência trágica de décadas de negligência do sistema penal. Por mais chocantes que sejam os casos, eles não são inéditos. O episódio mais letal da história do país ocorreu em 1992, quando 111 presos foram assassinados pela polícia durante um motim no complexo do Carandiru, em São Paulo.[7] A rebelião daria origem ao PCC. Houve outras insurreições em Rondônia, em 2002; no Maranhão, em 2010; em Pernambuco, no ano seguinte; e no Rio de Janeiro, em 2014. Na última década, houve registros de violência em cadeias de quase todos os estados do país.

Mais racionalidade e justiça

A população brasileira se divide. De um lado, apatia; de outro, variantes do discurso "Bandido bom é bandido morto". Mas não se iludam, todos nós pagamos essa conta. Por mais que a sede de vingança esteja em voga, vingança não é justiça, e prisões e penas maiores não são as únicas respostas possíveis para o crime. Há diversas formas de punir.[8]

Ainda assim, a ampliação da pena aparece como solução mágica para lutar contra a impunidade. Contudo, como vimos, para o aumento de pena ter alguma implicação prática é preciso que o crime seja investigado e esclarecido (com a identificação de autor e a coleta de provas). Só assim ele pode ser julgado e, em caso de condenação, a pena pode ser aplicada. Para crimes contra a vida, isso é raro no Brasil.

Já sabemos que a certeza da pena é muito mais relevante que sua duração quando o assunto é desestimular os crimes. Por isso precisamos buscar outros modelos de punição, como os da justiça restaurativa,[9] e expandir as políticas de aplicação de penas e medidas alternativas à prisão para crimes de menor potencial ofensivo (por exemplo, a prestação de serviços à comunidade) como forma de as pessoas pagarem pelo que cometeram. Cada tipo de punição é adequado a um tipo de delito. De novo a saúde nos ajuda a entender melhor o quadro. Não se trata uma gripe com quimioterapia. Encarcerar alguém custa caro e, se o sistema prisional não for bem gerenciado, piora o problema. Atualmente são poucos os estados que contam com Centrais de Penas e Medidas Alternativas, a partir das quais essas atividades são coordenadas. Em vez disso, depende-se da iniciativa individual de cada juiz para decidir aplicar uma pena alternativa e depois direcionar o cumprimento ou recurso para a instituição de sua escolha.

Punição e prisão – o paradoxo brasileiro

Parte da resolução da crise passa pela imparcialidade e celeridade da Justiça. Ponto crucial é reduzir drasticamente o contingente de presos que aguardam julgamento, hoje na casa de 40% do total.[10] Além disso, os estados devem consertar falhas graves de gestão no sistema penitenciário que ferem a Lei de Execução Penal, como a não separação física do preso provisório dos detidos de forma permanente. Mistura-se quem está aguardando julgamento com quem está condenado. E quem está aguardando julgamento pode ser inocente e acabar coagido e cooptado por organizações criminosas.[11]

Outra falha é a não separação dos presos condenados de acordo com o crime que cometeram, isto é, com o grau de perigo e violência envolvido no delito. Não se pode juntar uma pessoa que furtou um xampu no supermercado com um assassino ou líderes do crime organizado. São coisas como essas que fazem com que de fato as prisões sejam escolas do crime. O resultado é que milhares de pessoas que não representam ameaça real à sociedade se mesclam a criminosos violentos e têm suas vidas completamente transformadas pela prisão.

Garantir que aquele que entra no sistema tenha chance real de se reabilitar também é fundamental. Para tanto, investir na infraestrutura de presídios e proporcionar capacitação profissional, trabalho e estudo para presos são elementos-chave, ainda mais se considerarmos que 75% da população carcerária não concluiu o ensino médio.[12] Promover políticas de apoio a egressos que primem pela integração dessas pessoas à sociedade beneficia a todos nós e é um passo na direção de uma sociedade mais segura.

A atual crise não é uma questão apenas do sistema penitenciário, mas de toda a justiça criminal. Para além de solucionar o problema das prisões, cabe investir em formas de punição que apresentam resultados positivos. Isso significa que, além de punir, é preciso encontrar meios de fazer com que, após cumprir a pena, a pessoa se insira na sociedade. Exemplos assim existem, como nos mostra a Associação de Proteção e Assistência a Condenados (Apac), modelo humanizado de encarceramento que tem índice de reincidência ao redor de 10%, contrastando com índices muito superiores nas prisões comuns.[13]

A retomada do controle dos presídios e a diminuição do poder e do lucro das organizações criminosas também passam pela atualização da Lei de Drogas (lei n.11.343/2006). Os crimes relacionados às drogas estão entre aqueles que mais levam pessoas à prisão, somando 26% dos homens e 62% das mulheres encarcerados.[14] Insistimos em criminalizar os usuários e em punir de forma desproporcional pessoas situadas no baixo escalão da cadeia do tráfico de drogas, como as chamadas "mulas", que cometem atos sem violência.

Não se trata de deixar de punir, mas de buscar respostas proporcionais. A prisão deve ser destinada àqueles que cometeram crimes violentos e crimes que causam grandes danos, como os casos de corrupção, que afetam a coletividade. Pessoas que cometeram crimes mais leves devem ter outro tipo de punição, com foco na reparação do dano causado. Em todo caso, é necessário aproveitar o tempo do cumprimento da pena para promover a ressocialização e a posterior reinserção da pessoa

A famosa "bolsa-preso"

O que é a famosa "bolsa-preso" que vez por outra aparece nas redes sociais e inunda de indignação nossas *timelines* do Facebook? O primeiro esclarecimento a fazer é que não se trata de um benefício como o Bolsa Família, como o nome sugere. O auxílio-reclusão, nome correto, é um benefício previdenciário destinado aos dependentes da pessoa presa.[15] Para entendê-lo, precisamos recuar e compreender um pouco a Previdência.

O sistema previdenciário é um seguro que pagamos com o objetivo de garantir alguma renda quando perdemos a capacidade de gerá-la. Essa incapacidade pode ser permanente, quando alcançamos determinada idade ou acontece um acidente que nos deixa inválido, ou momentânea, como, por exemplo, a maternidade, ou quando estamos doentes e não podemos trabalhar. É como um seguro de carro: se batemos o carro o seguro paga o conserto, e, dependendo do tipo de contrato que fizemos, fornece um carro extra enquanto o nosso está no conserto.

O auxílio-reclusão é um benefício da Previdência que se enquadra na categoria de incapacidade de gerar renda momentaneamente. O auxílio-reclusão só pode ser requerido pelos contribuintes do INSS e é um dos tipos de cobertura pagos pelo trabalhador que contribui para a Previdência. Portanto, trata-se de um mecanismo estruturado para a perda laboral, que considera a prisão uma dessas possibilidades. Não é um benefício para o detento. O recurso é destinado à sua família.

76   Segurança pública para virar o jogo

na sociedade. Se assim fizermos, estaremos não só dando uma segunda chance para quem cometeu crimes. Estaremos dando uma segunda chance para todos nós.

O cumprimento da pena

As penas de prisão no Brasil são cumpridas em três tipos de regime: o fechado, o semiaberto e o aberto.[16] O regime no qual o condenado começa a cumprir a pena depende do tamanho inicial da sanção – se maior que oito anos, regime fechado; se menor que oito e maior que quatro, regime semiaberto; se menor que quatro, regime aberto, podendo ser até convertida em pena alternativa à prisão.[17]

O regime fechado é caracterizado pela permanência do preso em sua cela individual ou coletiva durante a maior parte do tempo, sendo permitida apenas a saída para o banho de sol e as visitas. O regime semiaberto é aquele em que o preso passa o dia em espaços comuns do presídio e retorna à cela apenas à noite. Já no regime aberto o preso passa o dia fora da cadeia, retornando apenas à noite, para dormir.

Os presos do regime semiaberto podem pedir o benefício de saídas temporárias, desde que tenham bom comportamento comprovado. As saídas podem ser concedidas até cinco vezes ao ano, por até sete dias cada. Para isso, é necessário requerer formalmente a saída, que deve ser aprovada pelo juiz da execução penal. Presos do regime semiaberto também podem obter autorização para saída diária a fim de trabalhar ou estudar.[18]

A progressão de um regime para outro se dá por critério de tempo, sendo um sexto para crimes comuns e dois quintos para crimes hediondos – o que aumenta para três quintos se a pessoa for reincidente. O réu primário de crimes comuns, aquele que foi condenado pela primeira vez por crimes não hediondos, pode receber livramento condicional e ser solto, devendo apenas se apresentar periodicamente para assinatura de livro depois de cumprir um terço do total da pena. O réu primário de crime hediondo pode receber livramento condicional apenas quando tiver cumprido dois terços da pena, e o reincidente não recebe livramento antecipado.[19]

O caso dos presos provisórios fica no limbo, porque não há como definir em que regime ele começará cumprindo a pena. Portanto, em geral, eles ficam num sistema equivalente ao fechado. Atualmente, alguns estados brasileiros adotaram a prática das audiências de custódia, em que a pessoa presa em flagrante é apresentada a um juiz até 24 horas após a prisão. Essa é uma audiência específica e limitada, na qual o juiz apenas avalia se a pessoa precisa ficar presa provisoriamente ou se pode responder ao processo em liberdade – se pode ficar livre até que o crime seja julgado. Nessa audiência, o juiz também avalia se há indícios de tortura. Antes de o Conselho Nacional de Justiça firmar convênio criando esse procedimento, em muitos lugares passavam-se meses até que o preso provisório fosse apresentado diante de um juiz.[20]

Mães presas – a infância atrás das grades

Joana (os nomes são fictícios), mãe de cinco filhos, lactante, ré primária presa com 8,5 gramas de maconha, teve negado o pedido para responder ao processo em prisão domiciliar. Ana, grávida de oito meses, foi presa por furtar R$180. Deu à luz gêmeas prematuras num Centro de Detenção Provisória. Seu pedido de *habeas corpus* pleiteava prisão domiciliar, mas foi negado, mesmo com a comprovação de que a prisão não era adequada aos cuidados exigidos pelas bebês, que nasceram com baixo peso, uma delas com insuficiência respiratória. Esses e tantos outros casos são atendidos por defensores públicos ou em mutirões carcerários de advogados voluntários que tentam corrigir tantas injustiças.

E as crianças? Está comprovado cientificamente que a exposição à violência e a situações degradantes na primeira infância causa impactos físicos, emocionais e neurológicos que geram consequências na vida adulta. Não há como a sociedade e os operadores da Justiça alegarem isenção diante da responsabilidade que têm com as crianças, elo mais frágil da trágica crise carcerária e da segurança pública. Das 42.355 mulheres presas no Brasil, 74% têm ao menos um filho.[21] As mulheres encarceradas só podem ficar com os filhos até eles completarem seis meses de vida, quando então devem ser entregues a parentes ou casas de acolhimento. Essa separação é traumática e impacta o futuro que eles em geral (não) têm em abrigos precários ou famílias vulneráveis. Além de descumprir o Marco Legal de Atenção à Primeira Infância, que dispõe sobre o melhor interesse da criança,[22] o custo financeiro e social de manter na prisão mães que cometeram crimes sem violência não tem sentido e não se justifica sob nenhuma ótica.

Avanços importantes nesse sentido foram conquistados em 2018. Em decisão do Supremo Tribunal Federal (STF), definiu-se que mães de crianças até doze anos, e não apenas as que estão amamentando filhos, devem ser submetidas a prisão domiciliar caso seja confirmada a necessidade de sua prisão provisória.[23] O direito é estendido para aquelas responsáveis por parentes portadores de deficiência e para mães adolescentes que cumprem medida socioeducativa.

Medidas socioeducativas

Volta e meia ressurge o debate sobre a redução da idade penal. O argumento muito utilizado é de que o adolescente que comete um crime não é punido. Essa informação é falsa. Os adolescentes a partir dos doze anos são punidos, porém estão submetidos a um regime diferente, previsto no Estatuto da Criança e do Adolescente (ECA).[24] As crianças e os adolescentes estão em um período de desenvolvimento durante o qual sua capacidade de reconhecimento das consequências de seus atos está em formação. Por isso, o tipo de punição busca responsabilizá-los pelos atos cometidos reprovando o comportamento ilícito, mas com um caráter educativo que ofereça alternativas para que o adolescente compreenda o mal que causou. Além disso, procura-se criar oportunidades que os afastem do envolvimento infracional.

As punições previstas no ECA são chamadas medidas socio-educativas e pertencem a seis tipos: advertência, obrigação de reparar o dano, prestação de serviços à comunidade, liberdade assistida, semiliberdade e internação. A advertência é uma repreensão verbal feita pelo juiz. A reparação de danos tem como finalidade promover a compensação da vítima por meio da restituição do bem. A prestação de serviços à comunidade determina que o adolescente realize tarefas de interesse da comunidade em instituições públicas por um período máximo de seis meses, e a liberdade assistida prevê sua permanência com a família e o acompanhamento por profissional especializado de assistência social pelo tempo mínimo de seis meses. Esse profissional é responsável por orientar o adolescente e contribuir para que ele tenha acesso à escola, a cursos profissionalizantes e trabalho. A prestação de serviços à comunidade e a liberdade assistida são chamadas de medidas em meio aberto.

Na medida de semiliberdade, o adolescente passa o dia estudando e trabalhando em sua rotina normal e volta para uma unidade do sistema socioeducativo para dormir. A internação é o equivalente à prisão. Nesses casos, eles ficam em estabelecimentos específicos, dedicados a esse fim.

Os adolescentes que cometem atos infracionais[25] são julgados pela Vara Especial da Infância e Juventude e podem receber qualquer um dos seis tipos de medida previstos. Diferentemente do sistema de justiça criminal dos adultos, as medidas restritivas ou privativas de liberdade não possuem tempo determinado, mas podem durar até três anos. Os infratores são avaliados periodicamente por um juiz que decide se o cumprimento foi satisfatório. Os que são condenados à semiliberdade e à internação não sabem por quanto tempo ficarão cumprindo a medida.[26] Se um adolescente que já cumpriu uma medida socioeducativa cometer outro delito, em geral ele recebe punição mais severa. Portanto, apesar de submetidos a regras e sistema diferentes, eles são punidos e podem ter o tempo de pena ampliado se não estiverem evoluindo a contento ou em caso de reincidência.

O sistema socioeducativo sofre em grande parte dos mesmos problemas do sistema penitenciário. Há pouco investimento no sistema de liberdade assistida, que poderia ser um momento-chave de reintegração do jovem. Vale ressaltar que, a partir da lei n.12.594, de 18 de janeiro de 2012, que instituiu o Sistema Nacional de Atendimento Socioeducativo (Sinase), a competência de criar e manter programas de atendimento para a execução das medidas socioeducativas em meio aberto passou a ser dos municípios. Portanto, estes passaram a ter responsabilidade formal pela criação de programas de prevenção terciária, que devem ser integrados à política municipal de prevenção da violência. O desafio está em conseguir interferir na trajetória de vida do adolescente de forma que ele desenvolva suas potencialidades e possa optar por uma vida fora do crime.

Para virar o jogo

• Fortalecer a gestão do sistema prisional para enfrentar o problema do domínio de facções nos presídios, incluindo o uso de bloqueadores de celular, videomonitoramento, visitas gravadas para presos de alta periculosidade, entre outras medidas.

• Reparar falhas de gestão no sistema penitenciário que ferem a Lei de Execução Penal, incluindo a separação física do preso provisório daqueles permanentes e a separação dos presos condenados de acordo com a gravidade do crime cometido.

• Treinar e valorizar os agentes penitenciários e demais profissionais que atuam na assistência social, psicológica, de saúde e educação dentro do sistema penitenciário.

• Reduzir o contingente de presos que aguardam julgamento por meio de mutirões carcerários, audiência de custódia e maior eficácia nos processos de justiça criminal.

• Promover a adoção e o cumprimento de penas e medidas alternativas à prisão.

• Aumentar o número de vagas no sistema penitenciário em consonância com a Lei de Execução Penal, garantindo alternativas de estudo e trabalho para os presos.

• Investir na infraestrutura de presídios, proporcionar trabalho e estudo para presos e egressos, além de outros programas com foco na diminuição da reincidência criminal.

- Instituir uma política integral de apoio a egressos do sistema penitenciário.

- Fortalecer as capacidades institucionais dos municípios para execução e acompanhamento das medidas socioeducativas de liberdade assistida e de prestação de serviços à comunidade.

- Fortalecer o sistema de medidas socioeducativas com o intuito de oferecer oportunidades reais de reabilitação e ressocialização de adolescentes em conflito com a lei.

6. Drogas – saindo da encruzilhada

Independentemente de sermos liberais ou conservadores, quando o assunto é drogas todos temos os mesmos objetivos. Queremos proteger nossas crianças e adolescentes, evitar ao máximo ou pelo menos retardar o início do consumo de drogas lícitas e ilícitas até a idade adulta, reduzir o sofrimento de pessoas que fazem uso problemático de drogas e o de suas famílias.[1] Desejamos também diminuir os custos, para a sociedade, da política de combate às drogas, conhecida como "guerra às drogas", e minar o poder e o lucro do crime organizado a fim de reduzir seu poder bélico, a corrupção e melhorar nossa segurança.

Infelizmente estamos longe de atingir nossos objetivos comuns. Afirmamos com pesar que as atuais políticas de combate às drogas causam mais danos que o consumo dessas substâncias em si.[2] E por quê? Se as drogas são substâncias inanimadas, a guerra às drogas é na verdade uma guerra às pessoas. Ela alimenta um círculo vicioso de medo, desinformação, corrupção, prisões e morte. A boa notícia é que tudo isso pode ser evitado, ou ao menos bastante amenizado. E para avançar nessa direção devemos ter clareza de que ser a favor de uma mudança na política de drogas não é de forma alguma incentivar seu consumo ou ser "pró-drogas". Em primeiro lugar, é preciso racionalizar esse debate.

O sistema internacional de controle de drogas

A forma pela qual lidamos com as drogas hoje no mundo todo começou com uma convenção internacional da Organização das Nações Unidas (ONU), a Convenção Única de Entorpecentes de 1961. Essa legislação deu origem ao sistema internacional de controle de drogas, que inclui também as convenções da ONU de 1971 e 1988. Cerca de 180 países são signatários e ajustaram sua legislação nacional para seguir as normas estabelecidas. A meta estipulada desde a primeira convenção era livrar o mundo das drogas. Por mais que se possa desejar chegar até aí, esse objetivo é inatingível, porque desde o início da história da humanidade há relatos do uso de drogas em rituais religiosos, culturais e também recreativos, da China às Américas.[3] Além disso, a separação entre drogas lícitas e ilícitas, feita a partir da convenção de 1961, não seguiu critérios médicos e científicos, baseados em potenciais danos que cada substância pode causar para quem usa e para quem está ao redor.[4] Desde então, já evoluímos muito na pesquisa sobre essas substâncias, porém a classificação da ONU não foi atualizada. Isso gerou uma grave distorção na maneira como a sociedade enxerga e lida com dependentes de drogas lícitas, como álcool e tabaco, e de drogas ilícitas, como maconha, cocaína e crack. E mais: impacta a maneira como a sociedade lida com os consumidores e dependentes de drogas ilícitas, a forma como as substâncias são consumidas, entre outros aspectos.

Também já se sabe que, da totalidade de pessoas que consomem substâncias ilícitas no mundo, somente cerca de 12% desenvolverão algum padrão de dependência em algum momento de suas vidas.[5] Porém, as políticas internacionais de controle de drogas que deram origem à guerra às drogas afetam todos nós, independentemente de sermos ou não usuários, de gostarmos ou não delas. Portanto, é contraproducente tentar apontar os culpados. Precisamos buscar soluções juntos. Se tivéssemos de redesenhar hoje, a partir do zero, esse sistema, jamais repetiríamos o que foi feito. Com o conhecimento que temos, nem que quiséssemos faríamos algo tão perverso e difícil de desconstruir.

Há experiências recentes de cidades, estados e países que estão desenvolvendo caminhos mais humanos e eficientes para lidar com a questão das drogas e nos oferecem algumas lições.[6] A maioria das soluções está no âmbito da saúde, educação e das políticas de desenvolvimento social e econômico, e não da justiça criminal. Uma política de drogas moderna tem dois objetivos principais: o primeiro é prevenir e/ou retardar o primeiro uso; o segundo é evitar os abusos. Se você não tem como de fato impedir o uso das drogas – e nos desculpe, essa é uma verdade, pois algumas pessoas optarão por usá-las –, a questão é como lidar da melhor forma com elas.

Mudanças necessárias

Em alguns segmentos da sociedade a informação sobre políticas de drogas já venceu o medo. Listamos a seguir os passos claros, urgentes e práticos que devem ser dados.[7] Primeiro é preciso tirar o consumo de drogas da esfera criminal, isto é, descriminalizar o uso de todas as drogas para consumo pessoal. Descriminalizar não é legalizar. Com essa mudança na legislação, as drogas continuam ilegais, portanto, a produção e venda dessas substâncias continuam proibidas, mas o consumidor não é tratado como criminoso, e, se flagrado portando quantidade pequena de droga para consumo pessoal, não será levado para a delegacia. É um contrassenso tratarmos usuários de drogas como criminosos. Pense em um alcoólatra: faz sentido levá-lo para a delegacia por estar embriagado? E faz diferença se seu vício é causado pela cerveja ou pela cachaça? Em ambos os casos o problema precisa ser tratado na esfera da saúde e não da polícia.

A criminalização dificulta que pessoas com uso problemático de drogas peçam e recebam ajuda, desvia recursos que deveriam ser investidos em pesquisas, tratamentos e abordagens de prevenção e redução de danos,[8] e ainda por cima custa muito caro. E antes de alegarem que a descriminalização incentivará o uso, dos cerca de trinta países que descriminalizaram o uso nenhum experimentou explosão do consumo.[9] Pare para pensar: alguém que você conhece que quer de fato usar drogas hoje não o faz porque é crime?

A criminalização não teve sucesso como estratégia para diminuir o abuso de drogas nem para retardar o início de consumo entre adolescentes, e sua extinção abre espaço para instituirmos outras políticas que já vêm mostrando resultados nesse sentido.

Alguns exemplos inspiradores vêm de Portugal, da Colômbia, da Holanda e do Uruguai.[10] Esses países adotam políticas distintas, mas em geral buscam diminuir a demanda com medidas educativas qualificadas, conhecimento científico e diálogo, sem tornar as drogas um tabu. Eles tratam aqueles que desenvolvem quadros de abuso de substâncias não como criminosos, mas como pessoas que precisam de atendimento médico. Ao praticar a redução de danos, experimentam modelos mais humanos e eficientes para resolver a questão. Isso inclui acolher pessoas que foram criminalizadas pela lei anterior e apoiá-las na reconstrução de suas vidas, oferecendo oportunidades de formação e emprego.

Precisamos também avançar na criação de programas de prevenção honestos e de redução de danos, que ajudem a evitar o uso e promovam o autocuidado daqueles que optarem por consumir drogas. Se consumir for a escolha, é fundamental que a pessoa conheça os efeitos do uso e abuso das diferentes substâncias e saiba como melhor se proteger e onde pedir ajuda, se necessitar.

Outros passos certeiros incluem regular o uso medicinal da *cannabis* (maconha medicinal) e investir em pesquisas científicas com drogas ilegais. Estudos apontam que a *cannabis* é eficaz no tratamento de doenças como esclerose múltipla, epilepsia e glaucoma, além de aliviar sintomas de tratamentos de doenças como HIV/Aids e Alzheimer, e auxiliar no tratamento de vários tipos de câncer.[11]

No Brasil, a Agência de Vigilância Sanitária (Anvisa) regulamentou o uso terapêutico do canabidiol, medicamento feito com um dos princípios ativos da *cannabis*, o CBD, muito eficaz no tratamento de epilepsias graves.[12] Isso aconteceu após forte mobilização da sociedade, em especial de famílias de crianças portadoras da síndrome de Dravet. Essa é apenas uma das substâncias cujo valor medicinal já foi devidamente comprovado. Caminhamos agora rumo à regulamentação da produção nacional de medicamentos, bem como à permissão do cultivo de *cannabis* para consumo medicinal próprio ou de pessoa sob sua guarda, no caso das crianças.[13] A política de criminalização e proibição também impede o desenvolvimento de pesquisas sobre novos tratamentos para a dependência química. É muito grave que haja proibição de pensar e produzir conhecimento científico.

Por que a Lei de Drogas impacta tanto a segurança pública?

Para responder a essa pergunta cabe primeiro entender o que diz a legislação no país. A lei n.11.343/2006 aboliu a pena de prisão para usuários de drogas, porém o porte para consumo pessoal continua a ser crime.[14] Na prática, isso significa que o usuário ainda é alvo da ação policial e tem seu caso encaminhado aos Juizados Especiais Criminais, os JECrims, o que consome os escassos recursos policiais e do sistema de justiça criminal.

A lei também aumentou a pena de prisão para traficantes, mas, ainda que mencione critérios como a natureza da substância portada e sua quantidade, não apresenta parâmetros objetivos para orientar a distinção entre uso e tráfico. A ausência dessa diferenciação objetiva gerou uma explosão no número de pessoas presas por tráfico.[15] Enquanto a população carcerária cresceu 43,07% do final de 2006 até 2014, o número de presos por tráfico de drogas aumentou 132,34%. Isso gerou um acréscimo tanto do número total de presos no sistema quanto do tempo que eles permanecem na prisão.[16]

Um estudo feito pelo Instituto de Segurança Pública do Rio de Janeiro mostra como a Lei de Drogas impacta a operação da polícia. Os registros de tráfico são os mais comuns no estado, e em 2015 responderam por 52% do total de ocorrências que envolveram apreensão de drogas. Foram mais de 13 mil ocorrências no ano, uma média de 35 por dia. As ocorrências de posse ou uso totalizaram mais 12 mil no mesmo ano.[17] Porém, mesmo nos casos em que os policiais identificam um consumidor, portando quantidade muito pequena de maconha, eles precisam conduzir a pessoa à delegacia e o tempo de registro da ocorrência pode ser de mais de três horas, prejudicando diretamente o patrulhamento. Além da Polícia Militar, são acionados outros recursos policiais: delegado e escrivão da Polícia Civil e perícia para confirmar a natureza da substância. Depois da etapa policial, serão envolvidos ainda um promotor, um juiz e um defensor, se o usuário não tiver condições de arcar com o pagamento do advogado.

Analisando as apreensões de drogas, também se observa como os recursos da segurança são consumidos. Em 50% das ocorrências em 2015, foram apreendidos até dez gramas de maconha a cada atendimento. Se o Brasil adotasse o parâmetro de Portugal, onde a posse de 25 gramas de maconha é considerada legal, 60% das apreensões feitas no Rio de Janeiro em 2015 não demandariam ação policial. Apenas 1% das operações em que houve apreensão de maconha no estado entre 2010 e 2016 foi responsável por 85% do volume apreendido desta droga ao longo do período. Foram, em sua maioria, ações com envolvimento de inteligência e planejamento. Os outros 99% das operações apreenderam os 15% restantes, em sua maioria ocorridas em flagrantes durante patrulhas, sem investigação prévia.[18] Esse dado reforça o modo ineficiente como a questão é tratada atualmente na legislação brasileira. Se houvesse critérios objetivos, os recursos policiais poderiam ser reorientados para ações mais eficazes e também mais efetivas.

Além do impacto na utilização dos recursos policiais, há outro ainda mais profundo, resultante de nossa política de drogas: a avassaladora consequência para os jovens em situação de vulnerabilidade. Analisando o perfil dos presos condenados pela Lei de Drogas, a composição é de 55% de jovens (entre dezoito e 29 anos) e 62% se declaram pretos ou pardos. Os presos têm baixo grau de escolaridade – apenas 18% deles têm ensino médio, enquanto 45,3% não completaram o ensino fundamental. A maioria foi pega com pequenas quantidades de apenas um tipo de droga.[19]

Apesar de em menor número, as mulheres encarceradas por crimes relacionados a drogas representam um quadro especialmente grave. Do total de presas, 62% respondem pelo crime de tráfico de drogas.[20] Muitas são pegas em flagrante durante a revista feita na visita a companheiros e familiares em presídios, e o sistema não dispõe de instalações adequadas para seu acolhimento. O impacto sobre a família e os filhos é ainda maior, pois essas mulheres muitas vezes são responsáveis pelo provimento do domicílio.

Há dois caminhos para corrigir parte das distorções da realidade atual – um deles mudando-se a lei, via Legislativo, e outro via Supremo Tribunal Federal (STF). O segundo parece ser o mais curto, uma vez que o Supremo está julgando o Recurso Extraordinário n.635659, que contesta a constitucionalidade do artigo 28 da Lei de Drogas, que prevê punições para quem adquire, guarda, transporta ou traz consigo drogas para consumo pessoal. Embora uma condenação pelo crime não signifique prisão, já que o usuário não é preso, no entendimento das cortes superiores ela tira da pessoa a condição de réu primário. Além disso, o tribunal pode estabelecer critérios de distinção entre usuário e traficante, ou indicar o órgão do Executivo responsável por fazê-lo em prazo determinado. Esperamos que o STF não apenas faça isso, mas também que adote como critério objetivo a quantidade de drogas compatível com o consumo durante certo período de tempo, como feito em mais de 46 países.[21] A quantidade deve variar para cada tipo de droga, buscando se aproximar ao máximo da realidade do padrão médio do consumo brasileiro.

Esse é um passo importante para começarmos a reverter o cenário.

Consumo de drogas no Brasil

Ainda precisamos avançar muito na produção e divulgação de dados sobre consumo de drogas no país. O último levantamento oficial divulgado foi feito em 2005,[22] e a Fundação Oswaldo Cruz (Fiocruz) finalizou uma nova pesquisa com dados até 2015. Porém, sua publicação não tinha sido autorizada pelo Ministério da Justiça até a finalização deste livro. Isso indica que o tema ainda é tabu em alguns setores do governo. Do ponto de vista das políticas públicas, isso é muito nocivo, porque a efetividade dessas políticas depende de um diagnóstico correto e de informações atualizadas.

O coordenador desses levantamentos de dados, Francisco Inácio Bastos, cientista e médico reconhecido internacionalmente, realizou também a pesquisa nacional sobre uso de crack. Ele e sua equipe estimaram que há 370 mil usuários de crack nas capitais brasileiras, número bem menor que o inicialmente previsto em outras pesquisas.[23] A situação desses indivíduos é de fragilidade: são pessoas socialmente vulneráveis e marginalizadas, que não tiveram acesso às políticas públicas de inclusão social promovidas nas últimas décadas. É expressiva a proporção de usuários em situação de rua – aproximadamente 40%. Oito em cada dez pessoas que vivem nas ruas são negras, mostrando mais uma vez como a questão racial é absolutamente relevante para compreender os diversos problemas até aqui mencionados.

Dos usuários de crack, 80% também utilizam álcool e tabaco. Em média, eles consumiam crack havia oito anos nas capitais e cinco anos em outras cidades. Ao contrário do que imaginamos, 65% dos usuários obtêm dinheiro para comprar a droga com trabalho esporádico ou autônomo, e não com a prática de atividades ilícitas. Tráfico e furto como fontes de renda para financiar o consumo foram relatados por 9% e 6,4% dos entrevistados, respectivamente. Apesar disso, quase a metade

Drogas – saindo da encruzilhada   95

deles já foi presa alguma vez na vida – destes, 30% por uso ou posse de droga e 11% por tráfico/produção de drogas.[24]

Dentre os motivos relatados para usar crack pela primeira vez estão, além da curiosidade de experimentar a droga, problemas familiares e perdas afetivas, o que aponta caminhos para a intervenção preventiva: reforço de laços familiares, de modo a minimizar os conflitos, prevenir o abuso e facilitar a ressocialização do usuário, trabalhando não apenas com o indivíduo, mas também com suas redes sociais e a família.[25]

Os dados oficiais de 2005 mostram que a maconha e a cocaína, as duas outras drogas ilícitas mais usadas no país, apresentam outro perfil de usuário. O consumo de maconha no Brasil é bem menor que o de nações como Estados Unidos (40,2%), Reino Unido (30,8%), Dinamarca (24,3%), Espanha (22,2%) e Chile (22,4%), mas superior ao de Bélgica (5,8%) e Colômbia (5,4%). Em 2005, 8,8% dos entrevistados já tinham experimentado maconha alguma vez na vida e apenas 1,2% dos usuários era considerado dependente da droga. Aproximadamente três em cada cem brasileiros relataram ter usado cocaína pelo menos uma vez na vida (2,9%). Nos Estados Unidos, esse consumo situa-se em 11,2%. A taxa de prevalência de uso de cocaína no Brasil varia bastante conforme sexo e idade: homens usam mais que mulheres (5,4% e 1,2%, respectivamente). A faixa etária de maior uso está entre 25 e 34 anos, na qual atinge a porcentagem de 5,2%. Entre os adolescentes de doze a dezessete anos, 0,5% relatou já ter experimentado a droga.[26]

Entre 2006 e 2010, estima-se que 40.692 brasileiros faleceram por razões ligadas a substâncias lícitas e ilícitas. A grande maioria dos óbitos foi causada pelo uso do álcool (84,9% do total), em segundo lugar pelo tabaco (11,3%), em terceiro, por uso de mais de uma substância psicoativa (1,18%) e pelo uso de cocaína (0,8%). Outras drogas foram responsáveis por 1,6% dos óbitos.[27]

Refletindo sobre a regulação das drogas

Estima-se que o mercado mundial de drogas gire em torno de US$320 bilhões por ano. A proibição das drogas empurrou esse lucrativo mercado para a ilegalidade. Esse dinheiro é lavado e usado para comprar armas e financiar outras operações ilegais e legais.[28] Os grupos criminosos não estão interessados em vender drogas com qualidade e potência controladas, nem em saber se seus clientes são ou não maiores de idade. O que interessa é apenas o lucro, disputado na América Latina e no Brasil com muita violência em toda a cadeia produtiva – produção, rotas de transporte, distribuição e venda.

Proibir as drogas e jogá-las na ilegalidade significa perder o controle sobre elas. E para retomar o controle, o Estado precisa exercer seu papel de regulação. Só na legalidade o Estado pode intervir no mercado estabelecendo idade mínima para consumo, qualidade e potência do produto, restrições sobre propaganda, locais de venda e de consumo, licenças para tipos diferentes de produtores e distribuidores, entre outros.

Em um sistema de regulação, é possível definir quais drogas poderão ser vendidas diretamente ao público, quais precisarão ser banidas devido ao seu alto risco e quais irão demandar prescrição médica, a exemplo de antibióticos ou remédios de tarja preta.[29]

O debate sobre a regulação responsável do mercado de drogas não significa "liberar geral". A regulamentação do mercado de maconha, que aconteceu em países como o Uruguai e em diversos estados norte-americanos, e acontecerá no Canadá ainda em 2018, estabeleceu regras e restrições para produção, venda e consumo, além de impostos que são investidos na saúde e na educação. Na Nova Zelândia a regulação é sobre as drogas sintéticas.[30] Na prática, esse tipo de medida retira o mercado das mãos do crime organizado, enfraquecendo seu poder.

Precisamos, pelo menos, poder discutir e refletir sobre esse assunto e pensar os melhores caminhos e modelos para o Brasil, especialmente com relação à maconha, dado o conhecimento acumulado dentro e fora do país sobre essa substância.

Para virar o jogo

• Retirar o consumo de todas as drogas da esfera criminal e criar critérios objetivos para diferenciar uso e tráfico.

• Investir na prevenção do uso e do abuso de drogas, em especial com programas para jovens e adolescentes adequados a cada faixa etária, baseados em informações honestas.

• Investir em programas de redução de danos e tratamento para pessoas que têm problemas com drogas, inclusive reforçando os laços familiares, de modo a minimizar os conflitos e facilitar a ressocialização do usuário.

• Reorientar a atuação policial para o combate de crimes violentos e da criminalidade organizada e transnacional.

• Regulamentar produção, venda e consumo da *cannabis* medicinal.

• Avançar na discussão sobre um modelo de regulação da maconha para uso adulto no Brasil, incluindo debates a respeito de controle de propaganda, locais de consumo, modalidades de venda e produção para consumo próprio e investimento dos recursos gerados por impostos em programas de prevenção do abuso de drogas, na prevenção de violência e também em educação e saúde.

• Investir em estudos científicos com e sobre drogas ilícitas para o desenvolvimento de tratamentos para a dependência química e de medicamentos.

7. Armas sob controle – polêmica ou fato?

Com frequência nos questionam sobre nossa posição em relação às armas de fogo. Nem sempre o tom é cordial. Mas quando o diálogo acontece, nós percebemos o tamanho da desinformação e como os mitos se sobrepuseram aos fatos em nossa sociedade. Quando a troca segue baseada em informação e racionalidade, os dois lados que pareciam opostos – contra e a favor das armas – acabam, invariavelmente, convergindo para um ponto comum: precisamos regular de maneira sensata as armas de fogo e munições no Brasil.

Vamos explicar por que defendemos a regulação de armas e esclarecer as perguntas recorrentes no debate público, pois o assunto é sério demais para ser tratado como um tema polarizante. A arma de fogo tem papel central nos assassinatos no Brasil: 72% deles acontecem com esse tipo de artefato, comparados a uma média mundial de 35%.[1] O país amarga o primeiro lugar no ranking de número absoluto de mortes por armas de fogo no planeta – cerca de 44 mil em 2016.[2] Portanto, no caso brasileiro, a arma de fogo é um importante fator de risco.

Em primeiro lugar, é muito importante esclarecer o que a lei de controle de armas (lei n.10.826, de dezembro de 2003) diz, porque muita mentira sobre ela tem sido espalhada em diferentes meios. Ao contrário do que seu nome fantasia sugere, o Estatuto do Desarmamento não desarma o cidadão.[3] Seu principal objetivo foi estabelecer um sistema efetivo de controle sobre as armas de fogo e munições que circulam no país, passo essencial para melhorar e aprimorar o trabalho da polícia e reduzir a impunidade.

Os cidadãos podem ter uma arma de fogo no Brasil. Aliás, se você tem mais de 25 anos, pode ter até seis armas. Obviamente, você precisa preencher alguns critérios para comprá-las, porque esse é um ato de grande responsabilidade. Armas são instrumentos de ataque e raramente de defesa, e aumentam o risco de acidentes, suicídios e assassinatos de parceiros nos lares onde estão presentes. Um estudo feito nos Estados Unidos mostrou que as armas são muito mais usadas para cometimento de crimes que para defesa pessoal, numa proporção de seis para um.[4] Se sua escolha é possuir uma arma, não subestime os riscos.

Os critérios para se ter uma arma incluem fazer e apresentar um teste psicológico, teste de tiro e não possuir antecedentes criminais. A idade mínima de 25 anos é para proteger os jovens, justamente a população com maior risco de sofrer violência letal envolvendo armas de fogo. É como o carro, por exemplo: você precisa ter carteira de motorista para dirigi-lo, e só depois dos dezoito anos pode fazer a prova para se habilitar.

O que não pode, mesmo que você tenha recebido autorização para ter uma arma, é andar armado. A lei proibiu o porte de armas para civis, o que significa que cidadãos comuns não podem andar armados nas ruas. Isso faz todo o sentido. A ideia de que armar civis torna as sociedades mais seguras é um mito. Um estudo do Instituto de Pesquisa Econômica Aplicada (Ipea) feito em São Paulo mostra que o aumento de 1% de armas de fogo eleva até 2% a taxa de homicídios.[5] A evidência de países como os Estados Unidos reforça o achado: os estados americanos que têm leis de armas mais permissivas registraram aumentos acentuados em homicídios, roubos, assaltos domiciliares e acidentes envolvendo crianças.[6]

A proibição do porte de armas facilitou o trabalho da polícia. Segundo depoimentos de diversos policiais, identificar o porte ilegal de armas muitas vezes é a forma de prender criminosos perigosos, enquadrando-os nesse crime, e de se iniciarem investigações de outros crimes cometidos por eles.[7]

A lei previu ainda uma forma segura de se entregar uma arma, independentemente de haver registro, e um mecanismo para que ela seja destruída – afinal, ninguém é obrigado a ter uma arma que não quer. Esse é um aspecto pouco divulgado da lei, mas muito importante. Uma arma dura muito, às vezes mais de cem anos. Ela pode estar encostada em sua casa, só que ainda funciona, e termina colocando em risco sua segurança, sem contar a possibilidade de ser roubada. Nas campanhas voluntárias de entrega de armas iniciadas em 2004, mais de 650 mil armas foram entregues para destruição, reduzindo o total de armas em circulação no país.[8]

Outro esclarecimento importante é sobre o referendo de 2005. Nele, a população teve de votar para decidir se a venda de armas se tornaria proibida no país. O resultado foi a favor de se manter a comercialização – portanto, civis podem comprar armas no Brasil e possuí-las em suas casas ou locais de trabalho. O resultado foi e continua sendo respeitado. Se a população tivesse decidido em outra direção, tanto a compra quanto a posse de armas por civis estariam proibidas.[9]

A política brasileira de armas e munições não é de banimento, mas de regulação e controle. Sem controle, as armas terminam nas mãos de criminosos.

As armas do crime

O revólver calibre 38 da Taurus fabricado no Brasil é a arma preferida dos bandidos.[10] Muitas vezes somos levados a acreditar que as armas que impactam a violência no país são somente os fuzis que entram pelas fronteiras, contrabandeados. Obviamente, esse é um problema enorme, que afeta principalmente as dinâmicas do crime organizado e das facções criminosas, em especial no Rio de Janeiro, e precisa ter atenção especial da Polícia Federal e de outras instituições.

No entanto, as armas que mais impactam a nossa vida diariamente, seja nos assaltos, seja nos homicídios, são fabricadas aqui mesmo. Alguns estudos feitos no país se dedicaram a investigar essa questão. Os mais recentes foram pesquisas realizadas pelo Instituto Sou da Paz: uma delas analisou todas as armas apreendidas pela polícia na cidade de São Paulo nos anos de 2011 e 2012;[11] outra investigou todas as armas apreendidas no Sudeste em 2014,[12] portanto, aquelas que estavam nas mãos de criminosos.

Qual o perfil dessas armas? A quase totalidade delas (93%) são armas curtas, isto é, revólveres ou pistolas, que podem ser carregados na cintura ou na bolsa. Três de cada quatro armas nas mãos dos bandidos são armas brasileiras. Portanto, apesar de haver armas ilegais cruzando as fronteiras para abastecer o crime, em sua maioria as armas do crime vêm da empresa nacional Taurus – 61% das apreendidas com criminosos na cidade de São Paulo são produzidas por essa fábrica. Verifica-se também que é significativa a participação da Taurus no número de armas apreendidas com criminosos em outros locais do país. Em 2014, essa participação foi elevada: 39,3% das armas apreendidas em cometimento de crimes em toda a região Sudeste tinham essa marca. As armas brasileiras somaram 60,9%.[13]

O tipo de arma apreendida também guarda relação com o tipo de crime. As armas usadas na maioria dos roubos e homicídios são curtas, de calibre permitido e fabricadas no Brasil. As de maior poder de fogo, como fuzis e submetralhadoras, são pouco apreendidas (menos de 2% do total) e se relacionam mais com a violação da lei de controle de armas (42%) e o tráfico de drogas (32%).[14]

Outra informação relevante é que 64% das armas usadas em crimes na cidade de São Paulo apreendidas pela polícia em 2011 e 2012 foram fabricadas antes da aprovação da lei, quando os níveis de controle eram muito baixos.[15]

Por isso, controlar as armas é uma medida fundamental.

A importância de controlar armas e munições

Um dos pilares fundamentais do controle de armas e munições é a informação. Como as armas nascem legais, ao contrário das drogas, é possível estabelecer um sistema de rastreamento robusto desde o momento da fabricação e durante toda a vida da arma. Um dos pontos da lei de controle de armas que ainda não foi implementado é a criação de um banco de dados balístico que permite identificar todas as armas fabricadas no país – e, a partir daí, todo o caminho percorrido por cada uma delas. Para isso, é fundamental que se faça o registro periódico de armas, o que tornaria possível conhecer o volume e o tipo das armas em circulação no país, onde elas estão, quem são seus donos – os responsáveis pelas armas –, se houve troca de titularidade etc.

Pouco se fala disso, mas as informações e o controle não dizem respeito apenas às armas, mas também às munições. A lei prevê que as munições compradas pelas forças de segurança no Brasil precisam ser marcadas.[16] Um sistema consistente de controle permite a investigação e o esclarecimento de crimes. Basta mencionar o caso recente do assassinato de Marielle Franco, vereadora da cidade do Rio de Janeiro.

O mito do super-homem

É compreensível as pessoas acharem que andar armado as torna mais seguras. Mas essa é apenas uma sensação, não um fato, como mostram diferentes pesquisas.[17] A capacidade de reação bem-sucedida depende do elemento surpresa, que em geral está a favor dos criminosos.

O mesmo acontece com os policiais, treinados para usar armas de fogo. Setenta por cento dos policiais mortos na cidade de São Paulo em 2013 e 2014 estavam em horário de folga.[18] Em entrevistas recentemente realizadas com policiais para uma pesquisa, ficou claro que andar armado fora de serviço aumenta o risco de eles se tornarem vítimas. Os policiais afirmam que, quando estão armados em sua folga, ficam em estado de alerta permanente, o que aumenta o estresse. Eles também se sentem no dever de tomar providências, mesmo estando em terreno ou posição desfavorável, sem reforços e sem equipamentos de apoio adequados.

Se forem abordados por assaltantes, os policiais sabem que a chance de serem mortos é muito grande. Por isso, muitas vezes eles procuram se antecipar e reagem. A questão é que em grande parte das ocasiões, quem está cometendo o crime descobre que se trata de um policial justamente em função da arma. É muito difícil estabelecer o que vem primeiro, mas a arma tem um papel importante nesse enredo.

Marielle foi morta com tiros de calibre 9 milímetros, com munição comprada pela Polícia Federal de Brasília. O lote de munição UZZ-18 foi adquirido em 2006, da Companhia Brasileira de Cartuchos, e tinha mais de 1,8 milhão de cápsulas com a mesma numeração. As superintendências de São Paulo, Rio de Janeiro e Distrito Federal receberam mais de 200 mil balas cada uma. Munição do mesmo lote foi empregada em crimes de facções rivais de traficantes que resultaram na morte de cinco pessoas em São Gonçalo (RJ), entre 2015 e 2017, e na maior chacina de São Paulo, em 2015, com dezessete pessoas mortas em Osasco e Barueri.[19] Essas informações só foram obtidas graças à lei de controle de armas e ao trabalho pericial feito nas investigações da Polícia Civil após os crimes. Isso demonstra a importância de avançarmos no desenvolvimento da capacidade policial de rastreamento e perícia de armas e munições apreendidas.

Embora a lei não tenha sido totalmente colocada em prática, ela gerou resultados positivos. Entre 2004 e 2007 os homicídios foram reduzidos em 12%. Sem ela, estima-se que pelo menos mais 133 mil brasileiros teriam sido assassinados desde 2004, de acordo com o *Mapa da violência*.[20] Contudo, a experiência mostra que o cenário é dinâmico, e a necessidade de aprimoramentos e manutenção do tema como prioridade política é constante.

Parte das melhorias necessárias foi sistematizada pelos institutos Igarapé e Sou da Paz, com a ONG Viva Rio, em 2015.[21] Essas instituições recomendaram iniciativas como, por exemplo, a necessidade de numeração gravada no culote de todas as munições vendidas no país, inclusive para civis. Isso é padrão para quase todos os fabricantes de armas no mundo. O tamanho dos lotes de munição com o mesmo número precisa ser pequeno – mil unidades a cada lote – para que o rastreamento seja feito com precisão. Estojos encontrados em locais de crime foram fundamentais para a elucidação de homicídios emblemáticos como o da juíza Patrícia Acioli, assassinada em Niterói em 2011.[22] A indústria de armas resiste a adotar essas mudanças alegando aumento de custo. No entanto, há tecnologias baratas para a marcação, sem considerar que se daria um salto na qualidade das investigações, além de diminuir a impunidade.

Outro ponto de aprimoramento é quanto à marcação das armas fabricadas e vendidas no Brasil. Hoje ela é mecânica, sendo facilmente raspada, o que dificulta o rastreamento dos responsáveis pelo desvio de armas para o crime. Sistemas de marcação por chip e outras tecnologias já estão disponíveis no mundo.

Algumas outras medidas já previstas na lei atual e ainda não adotadas são a integração dos bancos de dados de armas da Polícia Federal e do Exército – que registram a posse de armas de civis e as de outras categorias, respectivamente; a melhoria do controle do material bélico das forças de segurança pública; e a melhor fiscalização de armas e munições das empresas de segurança privada e de caçadores, colecionadores e atiradores desportivos.

Sabemos que as armas não são a causa da violência, mas também sabemos que, com elas, a violência se torna muito mais mortal, ainda mais em um país cheio de conflitos como o Brasil. Brigas e desentendimentos podem se transformar em assassinatos, e o medo nos leva a reagir antes de pensar. Basta um segundo para acontecer uma tragédia.

Em momentos nos quais a segurança parece completamente fora de controle, o argumento do porte de arma para defesa individual parece irresistível e condiz com o sentimento de medo e desesperança. Porém, como vimos, o modelo do contrato social foi pensado justamente como alternativa à lógica do "cada um por si", uma dinâmica que dá errado. Segurança só se garante de forma coletiva. É verdade que o Brasil tem falhado nesse aspecto. Aqui, algumas vidas valem mais que outras – dependendo do CEP de sua residência e da sua cor de pele, suas chances de ser preso e de viver ou morrer são maiores ou menores. Aceitarmos isso como "normal" nos coloca a todos em risco.

Um grande número de armas em circulação sem controles rígidos num país com alto nível de crimes e impunidade é uma receita para o desastre. Deveríamos fortalecer e cobrar o efetivo controle de armas no país, e não tentar acabar com a lei que as regula. A lei de controle de armas foi fruto de grande mobilização da sociedade civil, de igrejas e estudiosos e contou com o apoio de muitos policiais e meios de comunicação. Ela foi elaborada para aprimorar a regulação responsável de armas e munições num país extremamente violento, e é considerada uma das mais modernas do mundo. Cobrar sua implementação para fortalecer o poder de investigação e o controle do uso da força pelas polícias é muito mais eficaz para a sociedade que a maioria das atuais propostas legislativas em discussão no Congresso. Precisamos exigir o que de fato nos deixará mais seguros.

Armas sob controle – polêmica ou fato? 109

Para virar o jogo

• Aperfeiçoar a política de marcação de armas e munições, incluindo a nanotecnologia, "chipagem" eletrônica ou marcação interna de armas; marcar os culotes de cartucho em toda munição produzida e vendida no país; reduzir o tamanho dos lotes de munições que recebem a mesma numeração em todos os casos.

• Fortalecer o controle e a fiscalização, pela Polícia Federal e o Exército, das empresas de segurança privada e categorias de caçadores, colecionadores e atiradores desportivos.

• Melhorar o controle do material bélico das forças de segurança pública.

• Manter a proibição do porte de armas.

• Fomentar a criação de sistemas estaduais de rastreamento das armas apreendidas e a integração desses sistemas com o Sistema Nacional de Controle de Armas (Sinarm).

• Fortalecer a investigação de desvio de armas.

• Incentivar as campanhas de registro de armas de fogo.

• Ampliar e aprimorar programas de entrega voluntária de armas por parte da sociedade.

• Realizar pesquisas periódicas sobre armas apreendidas pela polícia a fim de aprimorar a política de controle e fechar os canais de desvio de armas.

• Esclarecer os mitos sobre controle de armas no Brasil a partir da disseminação de informações de fontes confiáveis.

8. E nós, cidadãs e cidadãos, qual o nosso papel?

> Nossas vidas começam a terminar no dia em que permanecemos em silêncio sobre as coisas que importam.
>
> MARTIN LUTHER KING

Resumimos aqui o que aprendemos em estudos e na prática sobre segurança pública nos últimos quinze anos. E você, assim como nós, também pode participar dessa transformação. Há distintas formas de contribuir para essa causa como um todo, ou de trabalhar em algum dos temas relacionados, de qualquer lugar que você esteja. Mencionamos a seguir algumas formas que acreditamos serem centrais para um cidadão engajado e conectado com sua sociedade ser um agente de mudança.

1. Exerça a empatia e faça uma autocrítica sobre como seus atos e suas ações impactam o seu entorno e a sociedade. Estamos falando das pequenas regras de convivência como não parar em fila dupla, respeitar os horários de silêncio e escutar antes de tirar conclusões. Se estiver de cabeça quente, respire e conte até dez antes de reagir. Praticar o diálogo e respeitar as pessoas são ferramentas poderosas para restabelecermos o contrato social.

2. Respeite as leis. Se não concordar com uma, aja para mudá-la. Mobilize os interessados, envie mensagens aos parlamentares e acompanhe o que eles estão fazendo.

3. Informe-se e forme sua opinião buscando fatos comprovados e estudos que tenham credibilidade. Escolha bem as suas fontes e desconfie de soluções mágicas e populistas, de heróis que dizem que resolverão tudo sozinhos do dia para a noite. Fique atento também para não apoiar propostas que ferem garantias legais e direitos constitucionais. Mesmo que hoje essas propostas não sejam contra você, nada impede que amanhã você esteja na mira.

4. Seja um multiplicador e ajude a disseminar conteúdo de qualidade.

5. Seja um participante ativo do debate público respeitoso e construtivo, fomentando-o em todos os espaços e círculos de sua convivência. Busque convergências entre diferentes linhas de pensamento e saiba que discordar sobre alguns pontos é normal.

6. Ajude a desbanalizar a violência e a gerar indignação positiva que leve à ação. Como falamos, viver com medo não é normal. Podemos construir sociedades mais seguras, e você já sabe disso.

7. Envolva-se num conselho comunitário de segurança pública de seu bairro; no conselho da comunidade de sua comarca; em programas de voluntariado de alguma escola próxima, a fim de diminuir a evasão escolar; em atividades de organizações da sociedade civil que trabalham com as temáticas

aqui debatidas. Leve suas ideias e sua força de mobilização para começar a atuar na prática.

8. Escolha seus representantes no governo com muita responsabilidade, esteja sempre atento às propostas e ações dos candidatos e autoridades sobre os temas que aqui tratamos.

9. Monitore os mandatos e cobre resultados. Isso vale para vereadores, deputados estaduais e federais, senadores, prefeitos, governadores e presidente da República. Agora você já sabe qual é o papel de cada nível de governo nessas temáticas.

10. Apoie campanhas que cobram compromissos dos diferentes níveis de governos com metas claras para a redução da violência.

11. Se você tem interesse em se tornar especialista nos temas deste livro e atuar profissionalmente, busque as formações reconhecidas e as organizações comprometidas com a construção de políticas públicas baseadas em dados e evidências científicas e que respeitem os direitos de todos os cidadãos.

12. Seja um agente de transformação positiva e pense no coletivo, não somente na sua casa, rua ou no seu bairro. Nossas cidades precisam de menos muros e mais pontes. Pois, como disse Martin Luther King: "A escuridão não pode expulsar a escuridão, apenas a luz pode fazer isso. O ódio não pode expulsar o ódio, só o amor pode fazer isso." Faça como ele: fique com o amor, pois o ódio é um fardo muito grande para suportar.

E, para quem ainda não acredita na força e centralidade do papel da sociedade na conquista da segurança pública, procure casos de sucesso mundo afora. Um deles é o de Medellín, na Colômbia. A cidade, que já ocupou o topo da lista das mais violentas do mundo, tornou a queda de 90% nos homicídios uma conquista sustentável e permanente graças ao engajamento de diversos segmentos da sociedade e à institucionalização das políticas bem-sucedidas.[1]

Em 2003, foi criada em Medellín uma coalizão de empresários, universidades, gestores públicos e sociedade civil organizada que se reúne mensalmente desde então para discutir o futuro da cidade. Por lá, boa parte dos empresários não abandonou o lugar mesmo em seus piores momentos. Hoje, seis das dez maiores empresas listadas na bolsa colombiana têm sede em Medellín. O prefeito Federico Gutiérrez, eleito em 2015, em entrevista durante visita ao Brasil em fevereiro de 2018, não credita o feito a gestões específicas, mas ao entendimento de que a segurança não tem partido, é um direito do cidadão.[2] Intervenções de segurança pública que funcionam não podem ser interrompidas.

Como vimos, nós temos uma agenda de políticas públicas que precisa ser implementada para virarmos de vez a página da violência em nosso país. Mas, para que essa agenda saia do papel, nós cidadãos precisamos fazer a nossa parte. Esperamos que as informações aqui apresentadas sirvam de ponto de partida para você também se engajar nesta e em outras agendas cívicas, nas quais nossa atuação é indispensável.

Não podemos deixar de ressaltar que este livro é lançado em ano de eleições. Em 2018, o debate sobre a segurança pública poderá decidir o rumo do país.* E nós temos a chance de repactuar e exigir que o tema seja levado a sério. Nosso trabalho começa antes mesmo de chegarmos às urnas. Precisamos questionar os fundamentos das propostas dos candidatos e cobrar que se baseiem em fatos e princípios constitucionais e democráticos. Isso é dever de todos nós. Nosso voto é para que essa chance não seja desperdiçada.

---

* Se quiser saber mais sobre esse tema, acesse as publicações e as agendas prioritárias para a Segurança Pública formuladas pelo Instituto Igarapé e parceiros para o estado do Rio de Janeiro e para o Brasil, disponíveis no site www.igarape.org.br.

Notas

Introdução (p.11-6)

1. D. Cerqueira, 2018.
2. Instituto Igarapé, 2015a.
3. Roubos: de acordo com o código penal, crimes contra o patrimônio cometidos com violência. É o que popularmente chama-se de assalto.
4. FBSP, 2017a, p.50.
5. Brasil, Constituição Federal, 1988.
6. Estes são conceitos básicos de teoria política contratualista. Para saber mais: ver autores como Thomas Hobbes, John Locke e Jean-Jacques Rousseau.
7. Essa é uma divisão derivada da visão dos três poderes primeiro proposta por Montesquieu em *O espírito das leis*. A função (a) corresponde ao Legislativo, a (c) ao Judiciário e (b) e (d) ao Executivo; ver Montesquieu, 2000.
8. Um caso clássico é o da lei n.11.343, 23 ago 2006 – a Lei de Drogas –, que será examinado adiante.

1. Para entender a violência (p.17-27)

1. P. Teixeira e F. Grandin, 2017.
2. Para saber mais: ver Instituto Igarapé, 2017, sobre causas da violência letal e soluções.
3. Fator de risco: conceito emprestado da saúde, indicando que, quando há muitos fatores associados, eles aumentam a probabilidade de algo acontecer. Por exemplo, sedentarismo, tabagismo e má alimentação aumentam o risco de enfarte. Isso não significa que se você não faz

exercício, se fuma e se alimenta mal terá necessariamente um enfarte, mas aumentam as chances. O mesmo acontece com a violência.

4. Cabe esclarecer que violência não é sinônimo de crime. Violência é todo ato intencional com o objetivo de causar um dano; pode ser um ato físico ou psicológico. Crimes são as ações estabelecidas no código penal; pode envolver violência ou não, e é passível de punição pela Justiça.

5. T. Abt e C. Winship, 2016.

6. Para um exemplo concreto, explore a ferramenta visual sobre violência letal no estado do Rio de Janeiro elaborada pelo Instituto de Segurança Pública; disponível em: www.ispvisualizacao.rj.gov.br/letalidade.html.

7. Para uma estimativa sobre custos gerados pela violência no Brasil, ver SAE, 2018, e D. Cerqueira et al., 2014.

8. SAE, 2018.

9. Assassinato: o termo no código penal é homicídio, definido no artigo 121; latrocínio: roubo que resultou em morte, definido no artigo 157; assalto: o termo no código penal é roubo, definido no artigo 157, que é um crime cometido quando o objetivo é subtrair um patrimônio, mas lança-se mão de violência.

10. Cálculo feito pelo Instituto Igarapé. Instituto Igarapé, 2015a.

11. É importante fazer essa distinção pois, além do homicídio intencional, há também o homicídio culposo, quando o autor do crime não tem a intenção de matar a pessoa. Isso ocorre em acidentes de trânsito, desde que o motorista não esteja embriagado, e em acidentes com armas de fogo em que o disparo não é proposital. Lamentavelmente, o disparo acidental feito por crianças ou adolescentes que encontram armas municiadas é mais comum do que imaginamos. Não temos dados para o Brasil, mas nos Estados Unidos 21% das mortes de crianças por armas de fogo são não intencionais (ver K. Fowler et al., 2017).

12. FBSP, Datafolha, 2017.

13. Instituto Igarapé, 2015a.

14. C. Vilalta, 2015, p.12.

15. F. Freire, 2011.

16. *The Economist*, 2017.

17. Bônus demográfico: quando há grande número de jovens na sociedade em comparação com outras faixas etárias na pirâmide demográfica.

18. M. Rolim, 2017.

19. M. Correa, 2017; Instituto Brasileiro de Geografia e Estatística (IBGE), 2018.

20. National Institute of Justice, NIJ, 2016.

21. R.B. Patel e F.M. Burkle, 2012; R. Muggah e A. Alvazzi Del Frate, 2007.

22. Não há dados disponíveis para todo o país sobre o percentual de condenação por homicídios cometidos. Porém, estudos mostram que a taxa de denúncia por parte do Ministério Público já é bastante baixa, inferior a 15% em alguns estados da federação, in L. Ribeiro, 2010.

23. SNJ, FBSP, 2017.

24. Ibid., p.15.

25. J.J. Waiselfisz, 2014.

26. Cálculo feito pelas autoras a partir dos dados de FBSP, 2017a.

27. Entre 1983 e 2012; FBSP, 2014a.

28. Feminicídio: de acordo com o código penal, o homicídio de mulheres cuja motivação se dá em decorrência de sua condição de sexo feminino.

29. J.J. Waiselfisz, 2015.

30. Ibid.

31. Ibid.

32. Para saber mais: instintodevida.org, para os princípios da campanha Instinto de Vida.

2. Panorama da segurança pública no Brasil (p.28-38)

1. Brasil, Constituição Federal, 1988.

2. Instituto Sou da Paz, 2017a.

3. FBSP, 2017a.

4. T. Abt e C. Winship, 2016; Instituto Igarapé, 2017.

5. Violence Prevention Alliance and Education Development Center, 2011.

6. N. Cárdia e S. Schiffer, 2002, p.25-31.

7. B. Bowman et al., 2008, p.209-19.

8. Para uma revisão de experiências do que funciona na América Latina, ver R. Muggah et al., 2016, e T. Abt e C. Winship, 2016.

9. IBGE, 2015, p.81-3.

10. Instituto Igarapé, 2016a.

11. T. Abt e C. Winship, 2016; Instituto Igarapé, 2017.

12. J.P. Crank, 2003.

13. Instituto Sou da Paz, 2013a.

14. Instituto Sou da Paz, 2017b.

15. Ver nota 22 do capítulo anterior.

16. Senado Federal, 2017.

17. Conselho Nacional do Ministério Público (CNMP), 2017.

18. J. Lemgruber e L. Ribeiro, 2016.

19. Brasil, lei complementar n.80, 12 jan 1994.

20. Senado Federal, 2017.

21. Departamento Penitenciário Nacional, 2017, p.15.

22. Instituto Sou da Paz e Centro de Estudos Segurança e Cidadania, 2015.

23. P. Constantino et al., 2016.

24. Brasil, lei n.7.210, 11 jul 1984.

25. B.R. Castro, 2017, p.152.

26. Brasil, lei n.7.210, 11 jul 1984.

3. A segurança pública começa na prevenção (p.39-47)

1. Fator de proteção: são fatores que, quando associados, reduzem a probabilidade de uma situação de violência ou crime acontecer. Atua na direção oposta dos fatores de risco.

2. Centers for Disease Control and Prevention, s.d.

3. T. Abt e C. Winship, 2016.

4. A.C. Espinosa, 2011.

5. Organização Mundial da Saúde (OMS), 2010.

6. J.J. Waiselfisz, 2014, p.129.

7. M. Rolim, 2017.

8. J.J. Waiselfisz, 2016a.

9. Departamento Penitenciário Nacional, 2017, p.15.

10. J.J. Waiselfisz, 2016a; OMS, 2010; Centers for Disease Control and Prevention, s.d.

11. D. Cerqueira, 2016.

12. Busca ativa: ação proativa do poder público para ofertar serviços aos beneficiários. No caso mencionado é uma estratégia para a redução da evasão escolar que inclui: o monitoramento das faltas de alunos; a criação de alertas para professores e diretorias das escolas quando faltas se tornam recorrentes; ações para que os alunos faltosos e suas famílias sejam contatados e para que o aluno retorne à escola, podendo para isso acionar outras instituições públicas e privadas, como o conselho tutelar, assistência social e ONGs locais.

13. Fundo das Nações Unidas para Crianças, 2017.

14. Para saber mais: igarape.org.br/temas/cidades-seguras/observatorio-de-paraty/.

15. Instituto Sou da Paz, 2013b; Instituto Igarapé, 2018, p.1-3.

16. T. Abt e C. Winship, 2016.

17. Instituto Igarapé, 2017.

18. National Crime Prevention Council, 2003.

19. Ibid.

20. K. Maclean, 2014.

21. Para saber mais: www2.recife.pe.gov.br/servico/compaz.

4. As polícias no Brasil (p.48-69)

1. R.S. Lima et al., 2016.

2. Para um debate sobre o assunto, ver D. Ortega, 2016.

3. R.S. Lima et al., 2016.

4. D. Ortega, 2016.

5. Para saber mais: policia.gov.co/.

6. Para saber mais: B. Reaves, 2012.

7. T. Abt e C. Winship, 2016.

8. Para saber mais: igarape.org.br/temas/cidades-seguras/ispgeo/.

9. T.C. Pratt et al., 2009.

10. M. Risso, 2014.

11. B. Manso, 2012.

12. A. Benites, 2012.

13. M. Liem et al., 2018.

14. M.F.T. Peres et al., 2008, p.468-76.

15. Brasil, Constituição Federal, 1988.

16. Brasil, lei n.13.022, 8 ago 2014.

17. Instituto Igarapé, 2016a.

18. Para saber mais: casoteca.forumseguranca.org.br/wp-content/uploads/2017/07/CASOTECA-FINAL.pdf.

19. Para saber mais: www.defesa.gov.br/forcas-armadas.

20. Brasil, decreto n.9.288, 16 fev 2018.

21. M.A. Carvalho e M. Durão, 2018.

22. E.S. Silva, 2017.

23. A.C. Fabio, 2017.

24. Brasil, Constituição Federal, 1988.

5. Punição e prisão – o paradoxo brasileiro (p.70-84)

1. K. Nunes e M. Rizzo, 2018; F. Costa, 2018; I.C. Szabó, 2018b.

2. Departamento Penitenciário Nacional, 2017.

3. Ibid.

4. C. Henriques et al., 2017.

5. G1, 2017.

6. L. Machado e A. Prado, 2017.

7. A.C. Borges, 2017.

8. Para saber mais: R. Moraes Sá, 2012.

9. Para saber mais: cnj.jus.br/noticias/cnj/62272-justica-restaurativa-o-que-e-e-como-funciona.

10. Departamento Penitenciário Nacional, 2017, p.15.

11. Instituto Sou da Paz e Centro de Estudos Segurança e Cidadania, 2015.

12. Departamento Penitenciário Nacional, 2017, p.15.

13. Para saber mais: fbac.org.br/index.php/pt/como-fazer/apac-o-que-e.

14. Departamento Penitenciário Nacional, 2017, p.43.

15. Para saber mais: inss.gov.br/beneficios/auxilio-reclusao/.

16. Para saber mais: cnj.jus.br/noticias/cnj/62364-entenda-os-diferentes-regimes-de-cumprimento-de-pena.

17. Brasil, lei n.7.210, 11 jul 1984.

18. Ibid.

19. Ibid.; Brasil, lei n.8.072, 25 jul 1990.

20. Até hoje existe percentual significativo de pessoas presas provisoriamente há mais de noventa dias; Departamento Penitenciário Nacional, 2017, p.16.

21. Departamento Penitenciário Nacional, 2017, p.40.

22. Brasil, lei n.13.257, 8 mar 2016.

23. C. Brígido, 2018.

24. Brasil, lei n.8.069, 13 jul 1990.

25. Ato infracional: nome que se dá ao crime cometido por adolescentes.

26. Brasil, lei n.8.069, 13 jul 1990.

6. Drogas – saindo da encruzilhada (p.85-99)

1. I.C. Szabó, 2018a.

2. Comissão Global de Políticas sobre Drogas, 2014, p.12-3.

3. M.A. Lopes, 2018.

4. D. Nutt et al., 2007, p.1047-53.

5. Escritório das Nações Unidas para Drogas e Crimes, 2017.

6. I.C. Szabó e A.P. Pellegrino, 2015.

7. Para uma agenda completa: igarape.org.br/propostas-para-uma-politica-sobre-drogas/.

8. Redução de danos: práticas que visam mitigar consequências econômicas, sociais e de saúde negativas causadas pelo uso e abuso de drogas psicoativas legais ou ilegais, sem ter a abstinência como pré-requisito. Envolve prevenção, especialmente do abuso de drogas, e busca melhorar a saúde e o bem-estar de dependentes.

9. N. Eastwood et al., 2016.

10. Para saber mais: sobre Portugal: tdpf.org.uk/blog/drug-decriminalisation-portugal-setting-record-straight; Colômbia: tni.org/es/publicacion/reforma-de-la-ley-de-drogas-en-colombia-guia-basica; Holanda: holland.com/br/turismo/informacoes/politica-holandesa-sobre-drogas.htm; Uruguai: ircca.gub.uy/.

11. P.C. Ribeiro, s.d.

12. Agência Nacional de Vigilância Sanitária (Anvisa), s.d.

13. Anvisa, 2016.

14. Brasil, lei n.11.343, 23 ago 2006.

15. Instituto Igarapé, 2015b.

16. Instituto Igarapé, 2016b, p.13.

17. E. Caldas, 2017.

18. Ibid.

19. M.G.M. Jesus et al., 2011; L. Boiteux e E. Wiecko, 2009; M.T.U. Gomes, 2014.

20. Departamento Penitenciário Nacional, 2017, p.43.

21. Senad, 2015.

22. Centro Brasileiro de Informações sobre Drogas Psicotrópicas, Cebrid, 2005.

23. F.I. Bastos e N. Bertoni, 2014.

24. Ibid.

25. Ibid.

26. Cebrid, 2005.

27. E. Stranz et al., 2013.

28. Comissão Global de Políticas sobre Drogas, 2014, p.12.

29. Ibid., p.12-3.

30. Para saber mais: health.govt.nz/publication/national-drug-policy-2015-2020.

7. Armas sob controle – polêmica ou fato? (p.100-10)

1. Instituto Igarapé, 2015a.
2. Ibid.
3. Brasil, lei n.10.826, 22 dez 2003.
4. D. Hemengway e S.J. Solnick, 2015.
5. D. Cerqueira, 2015, p.11.
6. E.J. Kaufman et al., 2018.
7. Depoimentos coletados pelas autoras.
8. Brasil, Ministério da Justiça, 2014.
9. Para saber mais: tse.jus.br/eleicoes/plebiscitos-e-referendos/referendo-2005/referendo-2005-1.
10. Instituto Sou da Paz, 2016, p.7.
11. Instituto Sou da Paz, 2014.
12. Instituto Sou da Paz, 2016, p.7.
13. Instituto Sou da Paz, 2014.
14. Ibid., p.18-22.
15. Ibid., p.14-6.
16. Brasil, lei n.10.826, 22 dez 2003.
17. L.L. Dahlberg et al., 2004, p.929-36; S. Bangalore e F.H. Messerli, 2013; M. Healy, 2014.
18. Instituto Sou da Paz, s.d.
19. A.P. Andreolla e F. Matoso, 2018.
20. J.J. Waiselfisz, 2016b, p.166.
21. Instituto Sou da Paz, Instituto Igarapé e Viva Rio, 2015.
22. F. Ribeiro, 2011.

8. E nós, cidadãs e cidadãos, qual o nosso papel? (p.111-15)

1. M. Hanlon e E. Pearce, 2016.
2. L. Branco, 2018.

Referências bibliográficas

Abt, T. e C. Winship. *What Works in Reducing Community Violence: A Meta-Review and Field Study for the Northern Triangle*. Washington, DC, Democracy International, 2016.

Agência Nacional de Vigilância Sanitária, Anvisa. *Importação de cannabidiol*, s.d.; disponível em: portal.anvisa.gov.br/importacao-de-canabidiol; acesso em: 25 mai 2018.

_____. *Cannabidiol e THC: norma permitirá registro de produto*, 22 nov 2016; disponível em: portal.anvisa.gov.br/noticias/-/asset_publisher/FXrpx9qY7FbU/content/canabidiol-e-thc-norma-permitira-registro-de-produto/219201?inheritRedirect=false; acesso em: 25 mai 2018.

Andreolla, A.P. e F. Matoso. "Munição usada na morte de Marielle Franco foi roubada na sede dos Correios na Paraíba, diz Jungmann". G1, 16 mar 2018; disponível em: g1.globo.com/rj/rio-de-janeiro/noticia/municao-usada-na-morte-de-marielle-franco-foi-roubada-na-sede-dos-correios-na-paraiba-diz-jungmann.ghtml; acesso em: 25 mai 2018.

Bangalore, S. e F.H. Messerli. "Gun ownership and firearm-related deaths". *American Journal of Medicine*, vol.126, n.10, 2013.

Bastos, F.I. e N. Bertoni (orgs.). *Pesquisa nacional sobre o uso de crack*. Rio de Janeiro, Fundação Oswaldo Cruz, 2014; disponível em: www.icict.fiocruz.br/sites/www.icict.fiocruz.br/files/Pesquisa%20Nacional%20sobre%200%20Uso%20de%20Crack.pdf; acesso em: 25 mai 2018.

Benites, A. "DHPP solucionou só 29,5% dos crimes que investigou em 2012 em SP". *Folha de S.Paulo*, 12 jan 2012; disponível em: www1.folha.uol.com.br/cotidiano/2013/01/1213895-dhpp-solucionou-so-295-dos-crimes-que-investigou-em-2012-em-sp.shtml; acesso em: 25 mai 2018.

Boiteux, L. e E. Wiecko (orgs.). *Tráfico de drogas e Constituição*. Brasília, Ministério da Justiça, 2009.

Borges, A.C. "Há 25 anos, massacre do Carandiru resultou na morte de 111 detentos". *Folha de S.Paulo*, 2 out 2017; disponível em: www1.folha.uol.com.br/banco-de-dados/2017/10/1923603-ha-25-anos-massacre-do-carandiru-resultou-na-morte-de-111-detentos.shtml; acesso em: 25 mai 2018.

Bowman, B. et al. "The impact of violence on development in low-to middle-income countries". *International Journal of Injury Control and Safety Promotion*, vol.4, n.15, dez 2008, p.209-19.

Branco, L. "Avanço na segurança foi conjunto, diz prefeito de Medellín". *Exame*, 9 fev 2018; disponível em: exame.abril.com.br/revista-exame/o-avanco-de-maos-dadas/; acesso em: 25 mai 2018.

Brasil. Lei n.7.210. Promulgada em 11 jul 1984; disponível em: planalto.gov.br/ccivil_03/leis/l7210.htm; acesso em: 24 mai 2018.

_____. Constituição Federal de 1988. Promulgada em 5 out 1988; disponível em: planalto.gov.br/ccivil_03/constituicao/constituicao.htm.

_____. Lei n.8.072. Promulgada em 25 jul 1990; disponível em: planalto.gov.br/ccivil_03/leis/L8072.htm; acesso em: 25 mai 2018.

_____. Lei n.8.069. Promulgada em 13 jul 1990; disponível em: planalto.gov.br/ccivil_03/leis/l8069.htm; acesso em: 25 mai 2018.

_____. Lei n.10.826. Promulgada em 22 dez 2003; disponível em: planalto.gov.br/ccivil_03/Leis/2003/l10.826.htm; acesso em: 25 mai 2018.

_____. Lei n.11.343. Promulgada em 23 ago 2006; disponível em: planalto.gov.br/ccivil_03/_ato2004-2006/2006/lei/l11343.htm; acesso em: 25 mai 2018.

_____. Lei complementar n.80. Promulgada em 12 jan 1994; disponível em: planalto.gov.br/ccivil_03/leis/lcp/Lcp80.htm; acesso em: 24 mai 2018.

_____. Lei n.12.594. Promulgada em 18 jan 2012; disponível em: planalto.gov.br/ccivil_03/_ato2011-2014/2012/lei/l12594.htm; acesso em: 21 jun 2018.

_____. Lei n.13.022. Promulgada em 8 ago 2014; disponível em: planalto.gov.br/ccivil_03/_ato2011-2014/2014/lei/l13022.htm; acesso em: 25 mai 2018.

_____. Lei n.13.257. Promulgada em 8 mar 2016; disponível em: planalto.gov.br/ccivil_03/_ato2015-2018/2016/lei/l13257.htm; acesso em: 28 mai 2018.

_____. Decreto-lei n.1.001. Promulgado em 21 out 1969; disponível em: planalto.gov.br/ccivil_03/decreto-lei/Del1001.htm; acesso em: 22 jun 2018.

_____. Decreto n.9.288. Promulgado em 16 fev 2018; disponível em: planalto.gov.br/ccivil_03/_ato2015-2018/2018/decreto/D9288.htm; acesso em: 25 mai 2018.

Brasil, Ministério da Justiça. "Campanha do Desarmamento já recolheu quase 650 mil armas", 14 mar 2014; disponível em: justica.gov.br/news/campanha-do-desarmamento-ja-recolheu-quase-650-mil-armas; acesso em: 25 mai 2018.

Brígido, C. "STF autoriza prisão domiciliar para grávidas e mães". *O Globo*, 20 fev 2018; disponível em: oglobo.globo.com/brasil/stf-autoriza-prisao-domiciliar-para-gravidas-maes-22416003; acesso em: 25 mai 2018.

Caldas, E. (org.). *Panorama das apreensões de drogas no Rio de Janeiro 2010-2016*. Rio de Janeiro, Instituto de Segurança Pública, 2017; disponível em: arquivos.proderj.rj.gov.br/isp_imagens/uploads/RelatorioDrogas2016.pdf; acesso em: 25 mai 2018.

Cárdia, N. e S. Schiffer. "Violência e desigualdade social". *Ciência e Cultura*, vol.54, n.1, p.25-31, jun-set 2002.

Carvalho, M.A. e M. Durão. "Exército inicia ação no Rio; em 10 anos, tropa teve de ir às ruas em ⅓ dos dias". *O Estado de S. Paulo*, 15 fev 2018; disponível em: brasil.estadao.com.br/noticias/geral,exercito-inicia-acao-no-rio-em-10-anos-tropa-teve-de-ir-as-ruas-em-13-dos-dias,70001666018; acesso em: 25 mai 2018.

Castro, B.R. *Relatório de gestão: supervisão do departamento de monitoramento e fiscalização do sistema carcerário e de execução de medidas socioeducativas*. Brasília, Conselho Nacional de Justiça, 2017; disponível em: cnj.jus.br/files/conteudo/arquivo/2017/04/23902dd211995b2bcb a8d4c3864c82e2.pdf; acesso em: 24 maio 2018.

Centers for Disease Control and Prevention (s.d.). *Youth Violence: risk and protective factors*, s.d.; disponível em: cdc.gov/violenceprevention/youthviolence/riskprotectivefactors.html; acesso em: 24 mai 2018.

Centro Brasileiro de Informações sobre Drogas Psicotrópicas, Cebrid. *II Levantamento Domiciliar sobre o uso de drogas psicotrópicas no Brasil: estudo envolvendo as 108 maiores cidades do país*. São Paulo, Cebrid, 2005; disponível em: cebrid.com.br/wp-content/uploads/2014/10/II-Levantamento-Domiciliar-sobre-o-Uso-de-Drogas-Psicotr%C3%B3picas-no-Brasil.pdf; acesso em: 25 mai 2018.

Cerqueira, D. "Armas de fogo, crimes e impacto do Estatuto do Desarmamento". Apresentação feita durante a audiência pública na Assembleia Legislativa do Estado do Rio de Janeiro (Alerj), 2015; disponível em: ipea.gov.br/agencia/images/stories/PDFs/150825_cerqueira_armas_e_crimes.pdf; acesso em: 25 mai 2018.

_____. "Trajetórias individuais, criminalidade e o papel da educação". *Boletim de Análise Político-Institucional*, n.9, jan-jul 2016; disponível em: ipea.gov.br/portal/images/stories/PDFs/boletim_analise_politico/160908_bapi9_4_reflexao2.pdf; acesso em: 24 mai 2018.

Cerqueira, D. et al. *Análise dos custos e consequências da violência no Brasil*. Rio de Janeiro, Ipea, 2014; disponível em: observatoriodeseguranca.org/files/IPEA%20-%20Custos%20da%20Viol%C3%AAncia_o.pdf; acesso em: 22 mai 2018.

Cerqueira, D. (org.) *Atlas da violência 2018*. Rio de Janeiro: Ipea e FBSP, 2018; disponível em: www.ipea.gov.br/atlasviolencia/download/7/2018; acesso em: 18 jun 2018.

Comissão Global de Políticas sobre Drogas. *Sob controle: caminhos para políticas de drogas que funcionam*, 2014; disponível em: globalcommissionondrugs.org/wp-content/uploads/2016/03/GCDP_2014_taking-control_PT.pdf; acesso em: 25 mai 2018.

Conselho Nacional do Ministério Público, CNMP. *O Ministério Público e o controle externo da atividade policial: dados de 2016*. Brasília, CNMP, 2017; disponível em: www.cnmp.mp.br/portal/images/Livro_controle_externo_da_atividade_policial_internet.pdf; acesso em: 24 mai 2018.

Constantino, P. et al. "The impact of prisons on the mental health of prisoners in the state of Rio de Janeiro, Brazil". *Ciência e Saúde Coletiva*, vol.21, n.7, jul 2016; disponível em: scielo.br/scielo.php?pid=

S1413-81232016000702089&script=sci_arttext&tlng=em; acesso em: 24 mai 2018.

Correa, M. "Brasil é o 10º país mais desigual do mundo". *O Globo*, 21 mar 2017; disponível em: oglobo.globo.com/economia/brasil-o-10-pais-mais-desigual-do-mundo-21094828; acesso em: 26 mai 2018.

Costa, F. "Por segurança, Cármen Lúcia desiste de visitar presídio de rebeliões em GO". *Folha de S.Paulo*, 8 jan 2018; disponível em: www1.folha.uol.com.br/cotidiano/2018/01/1948945-por-seguranca-carmen-lucia-desiste-de-visitar-presidio-de-rebelioes-em-go.shtml; acesso em: 25 mai 2018.

Crank, J.P. "Institutional theory of police: a review of the state of the art". *Policing: An International Journal of Police Strategies and Management*, vol.26, n.2, 2003.

Dahlberg, L.L. et al. "Guns in the home and risk of a violent death in the home: findings from a national study". *American Journal of Epidemiology*, vol.160, n.10, 2004, p.929-36.

Departamento Penitenciário Nacional. *Levantamento Nacional de Informações Penitenciárias: junho 2016*. Brasília, Ministério da Justiça, 2017; disponível em: depen.gov.br/DEPEN/noticias-1/noticias/infopen-levantamento-nacional-de-informacoes-penitenciarias-2016/relatorio_2016_22111.pdf; acesso em: 24 mai 2018.

Eastwood, N. et al. "A quiet revolution: drug decriminalization across the world", 2016; disponível em: release.org.uk/sites/default/files/pdf/publications/A%20Quiet%20Revolution%20-%20Decriminalisation%20Across%20the%20Globe.pdf; acesso em: 25 mai 2018.

Economist, The. "The world's most dangerous cities", 2017; disponível em: www.economist.com/graphic-detail/2017/03/31/the-worlds-most-dangerous-cities; acesso em: 22 mai 2018.

Escritório das Nações Unidas para Drogas e Crimes. "Booklet 2: global overview of drug demand and supply". *World Drug Report 2017*, 2017; disponível em: unodc.org/wdr2017/field/Booklet_2_HEALTH.pdf; acesso em: 25 mai 2018.

Espinosa, A.C. "Violence prevention through early childhood interventions". *Policy Brief on Education and Democracy*, vol.1, jun 2011; disponível em: portal.oas.org/LinkClick.aspx?fileticket=uCBYOqRB8s8 %3D&tabid=1682; acesso em: 24 mai 2018.

Fabio, A.C. "Como as Forças Armadas se tornaram uma constante na segurança do RJ". *Nexo*, 9 ago 2017; disponível em: nexojornal.com.br/ expresso/2017/08/09/Como-as-For%C3%A7as-Armadas-se-tornaram-uma-constante-na-seguran%C3%A7a-do-RJ; acesso em: 26 mai 2018.

Fórum Brasileiro de Segurança Pública, FBSP. *8º Anuário Brasileiro de Segurança Pública*, 2014a; disponível em: forumseguranca.org.br/storage/8_anuario_2014_20150309.pdf; acesso em: 22 mai 2018.

_____. Índice de vulnerabilidade juvenil à violência. Brasília, Secretaria Nacional da Juventude, 2014b; disponível em: unesdoc.unesco.org/ images/0023/002329/232972POR.pdf; acesso em: 22 mai 2018.

_____. *Anuário Brasileiro de Segurança Pública 2017*, 2017a; disponível em: forumseguranca.org.br/wp-content/uploads/2017/12/ ANUARIO_11_2017.pdf; acesso em: 22 mai 2018.

_____. *Segurança pública em números, 2017*, 2017b; disponível em: forumseguranca.org.br/wp-content/uploads/2017/10/infografico2017-vs8-FINAL-.pdf; acesso em: 22 mai 2018.

FBSP, Datafolha. "Instinto de vida", 2017; disponível em: forumseguranca. org.br/publicacoes/pesquisa-instinto-de-vida/; acesso em: 22 mai 2018.

Fowler, K. et al. "Childhood firearm injuries in the United States". *American Academy of Pediatrics*, jun 2017; disponível em: pediatrics.aappublications.org/content/early/2017/06/15/peds.2016-3486; acesso em: 22 mai 2018.

Freire, F. "Em 30 anos, Brasil teve mais de um milhão de vítimas de homicídio". *O Globo*, 14 dez 2011; disponível em: oglobo.globo.com/ pais/em-30-anos-brasil-teve-mais-de-um-milhao-de-vitimas-de-homicidio-3443821; acesso em: 22 mai 2018.

Fundo das Nações Unidas para Crianças. *Trajetórias interrompidas: homicídios na adolescência em Fortaleza e em seis municípios do Ceará*. Fortaleza, Unicef, 2017; disponível em: unicef.org/brazil/pt/trajetorias_interrompidas.pdf; acesso em: 24 mai 2018.

G1. "Corpos dos 33 detentos mortos em presídio são liberados pelo IML de RR". *G1 Roraima*, 2017; disponível em: g1.globo.com/rr/roraima/

noticia/2017/01/corpos-dos-33-detentos-mortos-em-presidio-sao-liberados-pelo-iml-de-rr.html; acesso em: 25 mai 2018.

Gomes, M.T.U. "Estudo técnico para sistematização de dados sobre informações do requisito objetivo da lei n.11.343/2006". Secretaria de Estado de Justiça, Cidadania e Direitos Humanos, Curitiba, 2014.

Hanlon, M. e E. Pearce. "Once a drug den, Medellín is now on a new path". Brookings Institute, 13 ago 2016; disponível em: brookings.edu/blog/order-from-chaos/2016/08/13/once-a-drug-den-medellin-is-on-a-new-path/; acesso em: 25 mai 2018.

Healy, M. "Study takes new look at gun access and risk of homicide, suicide". *Los Angeles Times*, 1º fev 2014; disponível em: latimes.com/science/la-sci-guns-20140121-story.html; acesso em: 25 mai 2018.

Hemengway, D. e S.J. Solnick. "The epidemiology of self-defense gun use: evidence from the National Crime Victimization Surveys 2007-2011". *Preventive Medicine*, vol.79, out 2015; disponível em: sciencedirect.com/science/article/pii/S0091743515001188; acesso em: 25 mai 2018.

Henriques, C. et al. "Rebelião em presídio chega ao fim com 56 mortes, diz governo do AM". *G1 Amazonas*, 2 jan 2017; disponível em: g1.globo.com/am/amazonas/noticia/2017/01/rebeliao-no-compaj-chega-ao-fim-com-mais-de-50-mortes-diz-ssp-am.html; acesso em: 25 mai 2018.

Instituto Brasileiro de Geografia e Estatística, IBGE. *Perfil dos estados e dos municípios brasileiros, 2014*. Rio de Janeiro, IBGE, 2015; disponível em: biblioteca.ibge.gov.br/visualizacao/livros/liv94541.pdf; acesso em: 24 mai 2018.

_____. "Desemprego volta a crescer no primeiro trimestre de 2018". Agência IBGE de Notícias, 27 abr 2018; disponível em: agenciadenoticias.ibge.gov.br/agencia-noticias/2012-agencia-de-noticias/noticias/20995-desemprego-volta-a-crescer-no-primeiro-trimestre-de-2018.html; acesso em: 26 mai 2018.

Instituto Igarapé. "Observatório de homicídios", 2015a; disponível em: homicide.igarape.org.br/; acesso em: 22 mar 2018.

_____. "Nota técnica – critérios objetivos de distinção entre usuários e traficantes de drogas: cenários para o Brasil", 2015b; disponível em: igarape.org.br/wp-content/uploads/2015/08/Nota-t%C3%A9cnica-Igarap%C3%A9-_08-2015.pdf; acesso em: 25 mai 2018.

_____. "Agenda Municipal de Segurança Cidadã", 2016a; disponível em: igarape.org.br/agenda-municipal-de-seguranca-cidada-2/; acesso em: 24 mai 2018.

_____. "Direito a defesa e proporcionalidade: documento de apoio para defensores públicos", 2016b; disponível em: igarape.org.br/wp-content/uploads/2016/10/AT_Direito-a-defesa-e-proporcionalidade-documento-de-apoio-para-defensores-p%C3%BAblicos-19-08_2-1.pdf; acesso em: 25 mai 2018.

_____(org.). "A América Latina pode reduzir os homicídios em 50% em 10 anos". Rio de Janeiro, Instinto de Vida, 2017; disponível em: drive.google.com/file/d/0BobhWlpagweqckk2WWNtaGowQmho ZE04SlFHeVJHdEhhMHJv/view; acesso em: 22 mai 2018.

_____. Proposta Pedagógica: Explorando o Livro. Rio de Janeiro, 2018; disponível em: igarape.org.br/wp-content/uploads/2018/05/ Proposta-pedago%CC%81gica-do-livro-drogas-as-histo%CC%81rias-que-na%CC%83o-te-contaram.pdf; acesso em 18 jun 2018.

Instituto Sou da Paz. "Investigação e esclarecimento de roubos em São Paulo". VII Encontro do Fórum Brasileiro de Segurança Pública, 2013a; disponível em: www.soudapaz.org/upload/pdf/investiga_o_e_escla-recimento_de_roubos_em_s_o_paulo.pdf; acesso em: 24 maio 2018.

_____. "Diálogo com teatro", 2013b; disponível em: www.soudapaz. org/upload/pdf/di_logo_com_teatro_material_did_tico.pdf; acesso em: 28 mai 2018.

_____. "De onde vêm as armas do crime", 2014; disponível em: www. soudapaz.org/upload/pdf/relatorio_20_01_2014_alterado_isbn.pdf; acesso em: 25 mai 2018.

_____. "De onde vêm as armas do crime apreendidas no Sudeste? Análise do perfil das armas de fogo apreendidas em 2014", 2016; dispo-nível em: www.soudapaz.org/upload/pdf/pesquisa_an_lise_de_ar-mas_do_sudeste_online_1.pdf; acesso em: 25 mai 2018.

_____. "O papel do legislativo na segurança pública", 2017a; Disponível em: www.soudapaz.org/upload/pdf/pesquisa_poder_legislativo_2017_261017.pdf; acesso em: 24 mai 2018.

_____. "Onde mora a impunidade?", 2017b; disponível em: www.soudapaz.org/upload/pdf/index_isdp_web.pdf; acesso em: 24 mai 2018.

_____. "Linha de frente: vitimização e letalidade policial na cidade de São Paulo", s.d.; disponível em: www.soudapaz.org/upload/pdf/linha_de_frente_internet.pdf; acesso em: 25 mai 2018.

Instituto Sou da Paz e Centro de Estudos de Segurança e Cidadania. "Presos provisórios, danos permanentes", 2015; disponível em: danos-permanentes.org/; acesso em: 24 mai 2018.

Instituto Sou da Paz, Instituto Igarapé e Viva Rio. "Subsídios da sociedade civil para aperfeiçoamento da legislação de controle de armas e de munições no Brasil", 2015; disponível em: www.soudapaz.org/upload/pdf/nota_t_cnica_para_ce_3722_isdp_igarap_vivario_final_1_1.pdf; acesso em: 25 mai 2018.

Jesus, M.G.M. et al. "Prisão provisória e lei de drogas: um estudo sobre os flagrantes de tráfico de drogas na cidade de São Paulo". Núcleo de Estudo da Violência da Universidade de São Paulo, São Paulo, 2011.

Kaufman, E.J. et al., "State firearm laws and interstate firearm deaths from homicide and suicide in the United States: a cross-sectional analysis of data by county", 2018. *Jama, Internal Medicine*, vol.78, n.5; disponível em: jamanetwork.com/journals/jamainternalmedicine/article-abstract/2673375; acesso em: 25 mai 2018.

Lemgruber, J. e L. Ribeiro (orgs.). *Ministério Público: guardião da democracia brasileira?*. Rio de Janeiro, Universidade Candido Mendes, 2016; disponível em: ucamcesec.com.br/wp-content/uploads/2016/12/CESEC_MinisterioPublico_Web.pdf; acesso em: 24 mai 2018.

Liam, M. et al. "Homicide clearance in western Europe". *European Journal of Criminology*, n.o, mar 2018; disponível em: journals.sagepub.com/doi/pdf/10.1177/1477370818764840; acesso em: 18 jun 2018.

Lima, R.S. et al. "Estado, polícias e segurança pública no Brasil". *Revista Direito GV*, vol.12, n.1, jan-abr 2016; disponível em: scielo.br/pdf/rdgv/v12n1/1808-2432-rdgv-12-1-0049.pdf; acesso em: 24 abr 2018.

Lopes, M.A. "Drogas: 5 mil anos de viagem". *Superinteressante*, 31 out 2018; disponível em: super.abril.com.br/ciencia/drogas-5-mil-anos-de-viagem/; acesso em: 25 mai 2018.

Machado, L. e A. Prado. "Presos desafiam facções rivais com gritos de guerra em presídio do RN". *Folha de S.Paulo*, 16 jan 2017; disponível em: www1.folha.uol.com.br/cotidiano/2017/01/1850213-presos-desafiam-faccoes-rivais-com-gritos-de-guerra-em-presidio-do-rn.shtml; acesso em: 25 mai 2018.

Maclean, K. "The 'Medellín miracle': the politics of crisis, elites and coalitions". *Research Paper*, n.24, mar 2014; disponível em: publications. dlprog.org/The%20Medellin%20Miracle.pdf; acesso em: 24 mai 2018.

Manso, B. *Crescimento e queda dos homicídios em SP entre 1960 e 2010 – uma análise dos mecanismos da escolha homicida e das carreiras no crime*. Tese de doutorado apresentada à Universidade de São Paulo, São Paulo, USP, 2012 (inédita).

Montesquieu. *O espírito das leis*. São Paulo, Martins Fontes, 2000.

Moraes Sá, R. "O caráter punitivo das penas alternativas". *Semana Acadêmica*, vol.1, n.10, 2012; disponível em: semanaacademica.org. br/artigo/o-carater-punitivo-das-penas-alternativas; acesso em: 25 mai 2018.

Muggah, R. e A. Alvazzi Del Frate. "More slums equals more violence: reviewing armed violence and urbanization in Africa". Genebra, Programa de Desenvolvimento das Nações Unidas, 2007.

Muggah, R. et al. *Making Cities Safer: Citizen Security Innovations from Latin America*. Strategic Paper 20. Rio de Janeiro: Instituto Igarapé, 2016.

National Crime Prevention Council. *Crime Prevention Through Environmental Design: Guidebook*. Cingapura, 2003; disponível em: popcenter.org/tools/cpted/PDFs/NCPC.pdf; acesso em: 24 mai 2018.

National Institute of Justice, NIJ. "Compendium of research on children exposed to violence (CEV) 2010-2015". Washington, DC, Departamento de Justiça dos Estados Unidos, 2016; disponível em: ncjrs. gov/pdffiles1/nij/249940.pdf; acesso em: 22 mai 2018.

Nunes, K. e M. Rizzo. "Confronto entre facções deixa dez mortos e oito feridos em cadeia do CE". *Folha de S.Paulo*, 29 jan 2018; disponível em: www1.folha.uol.com.br/cotidiano/2018/01/1954120-briga-entre-faccoes-rivais-deixa-ao-menos-dez-mortos-e-sete-feridos-no-ce.shtml; acesso em: 25 mai 2018.

Nutt, D. et al. "Development of a rational scale to assess the harm of drugs of potential misuse". *Lancet*, vol.369, n.9566, 2007, p.1047-53.

Organização Mundial da Saúde, OMS. *Violence Prevention: The Evidence.* Genebra, WHO Press, 2010.

Ortega, D. "Effectiveness versus legitimacy: use of force and police training in Latin America". *Brookings*, 5 jan 2016; disponível em: brookings. edu/blog/up-front/2016/01/05/effectiveness-versus-legitimacy-use-of-force-and-police-training-in-latin-america/; acesso em: 25 mai 2018.

Patel, R.B. e F.M. Burkle. "Rapid urbanization and the growing threat of violence and conflict: a 21st Century crisis". *Prehospital and Disaster Medicine*, vol.27, n.2, abr 2012; disponível em: cambridge.org/core/journals/prehospital-and-disaster-medicine/article/rapid-urbanization-and-the-growing-threat-of-violence-and-conflict-a-21st-century-crisis/A0CEF0C7743B157F5B4187A82462F171; acesso em: 22 mai 2018.

Peres, M.F.T. et al. "Homicídios, desenvolvimento socioeconômico e violência policial no Município de São Paulo, Brasil". *Rev Panam Salud Publica*, vol.23, n.4, p. 268-76, 2008; disponível em: scielosp.org/article/ssm/content/raw/?resource_ssm_path=/media/assets/rpsp/v23n4/v23n4a07.pdf; acesso em: 24 mai 2018.

Pratt, T.C., Cullen, F.T., Blevins, K.R., Daigle, L.E. e Madensen, T.D. "The empirical status of deterrence theory: a meta-analysis". In Culler, F.T., Wright, J.P. e Blevins, R.K., *Taking Stock: The status of Criminological Theory*, c.13, p.367-96. New Brunswick, NJ: Transaction Publishers, 2009.

Reaves, B. Federal Law Enforcement Officers, 2008. US Department of Justice, 2012; disponível em: www.bjs.gov/content/pub/pdf/fleo08.pdf; acesso em: 25 mai 2018.

Ribeiro, F. "Assassinos de juíza usaram munição comprada pela PM". *Veja*, 22 ago 2011; disponível em: veja.abril.com.br/brasil/assassinos-de-juiza-usaram-municao-comprada-pela-pm/; acesso em: 25 mai 2018.

Ribeiro, L.M.L. "Administração da Justiça Criminal na Cidade do Rio de Janeiro: uma análise dos casos de homicídios". Iuperj, Tese de Doutorado em Sociologia, 2010.

Ribeiro, P.C. "Maconha: considerações sobre seu uso medicinal e descriminalizado". Neip, s.d.; disponível em: neip.info/novo/wp-content/uploads/2015/04/paulo_costa_maconha_medicinal_descriminalizado.pdf; acesso em: 25 mai 2018.

Risso, M. "Mortes intencionais na cidade de São Paulo: um novo enfoque". Artigo Estratégico Igarapé, ago 2014; disponível em: igarape.org.br/wp-content/uploads/2014/07/artigo-8-p4.pdf; acesso em: 25 mai 2018.

Rolim, M. *A formação de jovens violentos*. Curitiba, Appris, 2017.

Secretaria Especial de Assuntos Estratégicos (SAE). Custos Econômicos da Criminalidade no Brasil, *Relatório de Conjuntura n.4*, Brasília: Presidência da República, 2018; disponível em: secretariageral.gov.br/estrutura/secretaria_de_assuntos_estrategicos/publicacoes-e-analise/relatorios-de-conjuntura/custos_economicos_criminalidade_brasil.pdf; acesso em: 18 jun de 2018.

Secretaria Nacional da Juventude, SNJ, Fórum Brasileiro de Segurança Pública, "Índice de vulnerabilidade juvenil à violência 2017". Brasília: SNJ; disponível em: unesdoc.unesco.org/images/0026/002606/260661por.pdf; acesso em 18 jun 2018.

Secretaria Nacional de Políticas sobre Drogas, Senad. Levantamento sobre legislação de drogas nas Américas e na Europa e análise comparativa de prevalência de uso de drogas. Brasília: Ministério da Justiça, 2015; disponível em: www.justica.gov.br/news/senad-divulga-levantamento-sobre-legislacao-de-drogas-nas-americas-e-europa/leis-e-preva-final-sem-acordao.pdf; acesso em: 18 jun 2018.

Senado Federal. *Código de Processo Penal*, 2017; disponível em: www2.senado.leg.br/bdsf/bitstream/handle/id/529749/codigo_de_processo_penal_1ed.pdf; acesso em: 24 mai 2018.

Silva, E.S. "A ocupação da Maré pelo Exército brasileiro: percepção dos moradores sobre a ocupação das forças armadas na Maré", 2017;

disponível em: redesdamare.org.br/wp-content/uploads/2017/05/ Livro_Pesquisa_ExercitoMare_Maio2017.pdf; acesso em: 25 mai 2018.

Stranz, E. et al. "Mortes causadas pelo uso de drogas psicotrópicas no Brasil". *Revista Técnica CNM*, 2013; disponível em: cnm.org.br/cms/ biblioteca_antiga/Mortes%20causadas%20pelo%20uso%20de%20 drogas%20psicotr%C3%B3picas%20no%20Brasil.pdf; acesso em: 25 mai 2018.

Szabó, I.C. "Mudança na política de drogas". *Folha de S. Paulo*, 17 jan 2018a; disponível em: www1.folha.uol.com.br/colunas/ilona-szabo/2018/01/1951066-mudanca-na-politica-de-drogas.shtml.

_____. "Resolver crise de nossos presídios é tarefa central contra criminalidade". *Folha de S. Paulo*, 31 jan 2018b; disponível em: www1. folha.uol.com.br/colunas/ilona-szabo/2018/01/1954576-resolver-crise-de-nossos-presidios-e-tarefa-central-contra-criminalidade.shtml.

_____ e A.P. Pellegrino. "Política de drogas no Brasil: a mudança já começou". Artigo Estratégico Igarapé, n.16, 2015; disponível em: igarape.org.br/en/politicas-de-drogas-no-brasil-a-mudanca-ja-comecou/; acesso em: 25 mai 2018.

Teixeira, P. e F. Grandin. "Cerca de 550 mil moradores do RJ sofrem de transtorno causado por traumas da violência; só 2,4% têm diagnóstico". *O Globo*, 13 jul 2017; disponível em: g1.globo.com/rio-de-janeiro/ noticia/cerca-de-550-mil-moradores-do-rj-sofrem-de-transtorno-causado-por-traumas-da-violencia-so-24-tem-diagnostico.ghtml; acesso em: 22 mai 2018.

Vilalta, C. "Global trends and projections of homicidal violence". Homicide Dispatch 2, 2015; disponível em: igarape.org.br/wp-content/uploads/2018/06/Homicide-Dispatch_2_EN_22-04-16.pdf; acesso em: 18 jun 2018.

Violence Prevention Alliance and Education Development Center. "Why invest in violence prevention?". Genebra, VPA, 2011; disponível em: who.int/violenceprevention/publications/why_invest_in_violence.pdf; acesso em: 24 mai 2018.

Waiselfisz, J.J. *Mapa da violência: os jovens do Brasil.* Rio de Janeiro, Flacso, 2014, p.129; disponível em: mapadaviolencia.org.br/pdf2014/Mapa2014_JovensBrasil_Preliminar.pdf; acesso em: 22 mai 2018.

————. *Mapa da violência 2015: homicídios de mulheres no Brasil.* Brasília, Ministério das Mulheres, da Igualdade Racial e dos Direitos Humanos, 2015; disponível em: mapadaviolencia.org.br/pdf2015/MapaViolencia_2015_mulheres.pdf; acesso em: 24 mai 2018.

————. "Educação: blindagem contra violência homicida?". *Mapa da violência, caderno temático,* n.1, 2016a; disponível em: mapadaviolencia.org.br/cadernos/Educ_Blindagem.pdf; acesso em: 24 mai 2018.

————. *Mapa da violência 2016: homicídios por arma de fogo no Brasil.* Rio de Janeiro, Flacso, 2016b, p.166; disponível em: mapadaviolencia.org.br/pdf2016/Mapa2016_armas_web.pdf; acesso em: 25 mai 2018.

Agradecimentos

Este livro busca compartilhar parte do aprendizado adquirido em nossas trajetórias profissionais dedicadas a tornar o Brasil um país mais justo e seguro. Um projeto desafiador que foi realizado em tempo recorde e se propõe a simplificar conceitos e linguagem em um universo cheio de jargões muitas vezes incompreensíveis. O resultado não seria o mesmo sem o acolhimento carinhoso e generoso da família Alquéres – em especial da Beatriz, do Ale e do Martin, e da Bitu e do José Luiz, que nos proporcionaram o local perfeito para a reflexão necessária ao desenvolvimento deste livro. Recebam nossa gratidão e nosso muito obrigada!

Agradecemos também aos nossos queridos amigos e amigas – Anna Paula Pellegrino, pelo apoio na pesquisa, e Ligia Rechenberg, Claudio Beato, Thiago Camargo, Beto Vasconcelos, Eleusa Risso, Dandara Tinoco, Beatriz Miranda, Rodrigo Pereira, Danielle Tsuchida e Leo Branco, que se dispuseram a ler cuidadosamente o material compartilhando suas críticas e sugestões para melhoria do conteúdo. Sem vocês, o resultado não seria o mesmo.

Um agradecimento especial ao ministro Luís Roberto Barroso, que generosamente escreveu o prefácio, emprestandonos sua seriedade para um tema tão crítico e urgente, e no momento em que o país passa por crises graves que o mantêm muito ocupado.

E, finalmente, o nosso muito obrigada às nossas famílias, que sempre nos apoiam em nossos sonhos e projetos, por mais malucos que possam parecer à primeira vista. Robert Muggah e Yasmin Zoe, que nos acompanharam nos fins de semana em Petrópolis, e Raul Silveira, que sempre apoiou todo o processo mesmo à distância.

A marca FSC® é a garantia de que a madeira utilizada na fabricação do papel deste livro provém de florestas que foram gerenciadas de maneira ambientalmente correta, socialmente justa e economicamente viável, além de outras fontes de origem controlada.

Este livro foi composto por Mari Taboada em Founders Grotesk e Dante Pro 11,5/16 e impresso em papel offwhite 80g/m² e cartão triplex 250g/m² por Geográfica Editora em agosto de 2018.